교육, 다시 사랑이라면

교육공동체 안내서

교육,
다시 사랑이라면

이근화 지음

좋은땅

추천사

"교육, 다시 사랑이라면"

월광기독학교가 이 땅에 세워진 것은 누구도 예측하지 못한 일. 하나님만 아셨던 일. 한반도 남단 광주와 함평에 세워진 지 18년 벌써 성년의 나이가 되었습니다. 시작부터 지금까지 함께 했던 자로서 깊은 감회와 감사와 새로운 긴장감이 있습니다. 크게는 우리 학교 주인 되신 하나님이 여기까지 인도하셨음에 앞으로도 인도하심을 믿기에 하나님이 주신 마음에 의심은 없습니다. 그러나 하나님이 맡기신 책임져야 할 부분이 있으니 시작보다 과정이 더 힘들고 본질을 잃지 않으면서 시대에 걸맞게 성장한다는 것이 그렇게 만만한 일이 아니라는 것을 알기 때문입니다.

하나님이 주신 소명이요 하나님이 함께하신다는 믿음이 있기에 우리가 해야 할 일에 몸부림이 있어야 함은 당연하지 않을까요. 기독 정신과 복음은 요행이나 미신이 아니라 살아 계신 하나님과의 전인적인 관계이기에 우리가 해야 할 일에 대하여 책임성을 회피하는 것은 가장 부끄러운 일이라 생각합니다.

때론 눈물의 골짜기를 걸으면서도 우리 모두 주님을 바라보면서 멈추지 않은 수행의 길을 걸어왔습니다. 이것만으로도 하나님의 큰 은혜에 감사를 드립니다. 한편 우리 학교는 하나님의 학교이기에 반드시 잘되어야 한다는 거룩한 부담감으로 초심을 새롭게 다잡는 다짐이 우리 모두에게 있어야 할 때라 절박감으로 이 글을 쓰고 있습니다.

평소에 우리 학교와 깊은 관계를 맺고 있는 박상진 박사님이(한국 기독학교 연구소 설립자요 현 소장) 한국 기독학교의 미래상을 예측하면서 우리가 반드시 극복해야 할 벽 5가지를 제시한 바가 있습니다.

첫째, 인구 감소에 학력 인구 축소
둘째, 준비성 없이 무분별한 기독학교가 세워지는 것
셋째, 현시대가 급속도로 탈종교화가 되어 가는 의식의 전환
넷째, 기성 교회에 대한 사회 실망과 반기독교적인 분위기
다섯째, 정부 교육정책이 다양성이 아닌 공립화로 획일화시키려는 전략 때문에 어려움을 겪고 있음을 지적하고 있습니다. 다음 세대를 영적으로 인격적으로 책임지는 기독학교는 무신론적인 진화론과 팽배한 유물주의에 반하여 하나님의 창조와 타락한 인간의 정체, 하나님의 구원론에 입각한 성경적이며 인격적이며 가장 이상적인 기독교 세계관으로 다음 세대를 양육하는데 한국교회는 물론 기독학교에 종사하는 섬김이 들은 하나가 되어 교만이 아닌 겸손으로 누구를 탓하기 전에 자아 성찰과 현 상황을 점검하며 우리의 한계성과 가능성을 찾는 귀중한 사명에 힘을 모아야 할 것입니다.

이런 상황에 이근화 교장은 우리 학교 현 교장으로 변화의 위기 속에 현장의 문제들을 체득하면서 고민했던 평소 생각들을 글로 써 "교육, 다시 사랑이라면" 책을 출판하게 되어 노고에 감사를 드립니다. 사람은 생각하는 존재라 하지만 생각한다는 것은 쉽지 않고 언어로 표

현하기도 쉽지 않지만, 글을 쓴다는 것은 자신을 갈고닦는 수행이며 책을 낸다는 것은 자신의 적나라한 모습 그대로 내보이는 것이니 용기 없이는 불가하다 하겠습니다.

저자 이 교장은 화학전공자로 기독대안학교 일반 학교 사립학교 등 교단에서 20년 동안 가르치면서 기독교 교사란 무엇인가 고민하면서 쓴 글을 모아 "바람이 지나가면" 책을 냈고 본 책은 우리 학교 현장 교장으로서 월광기독학교의 역사성과 정체성과 철학과 학습과 운영에 몸담아 쓰인 책이기에 우리 학교 교과서라 할 수 있는 중요한 자료라 생각됩니다.

제가 평소 여러 차례 우리 학교에 대한 글을 썼던 것과 예수님의 제자도 팔복을 풀어 설교했던 설교집 "세상을 아름답게 하는 하나님의 사람들" 책을 저자의 언어로 요약 정리할 뿐만 아니라 예수님의 삼애 정신을 새롭게 정리를 했습니다. 기독학교다운 학교가 되기 위해 우리는 어떤 마음과 자세로 섬겨야 할 것을 말하고 있어 필독서가 되어야 할 것이라 생각합니다.

그냥 쓰인 책 중의 하나가 아니라 글쟁이의 글이 아니라 교육의 현장 학교를 향한 교장으로서의 혼이 담긴 글이기에 부담되겠지만 읽고 함께 나눈 시간이 있기를 바랍니다.

저자의 글의 특징이 직설적이지 않고 은유와 함축된 시어적인 표현이 많아 생각하면서 읽어야 하는 부담이 있겠지만 저자의 의도를 생각하며 읽는다면 더 많은 것을 얻게 되리라 기대합니다.

끝으로 마지막 결론에서 말한 것을 한 부분을 옮김으로 저자의 의도를 이해하는 데 도움을 드리고자 합니다.

"이 책은 월광기독학교가 지향하는 교육의 뿌리를 밝히고 우리가 학생들과 함께 만들어 가고자 하는 방향을 명확히 드러내기 위해 만들어졌습니다.

교육은 단순한 지식 전달이 아니라 사람의 전 존재를 깨우고 사랑의 흔적을 남기는 일입니다. 우리 학교의 교육은 이곳에 담긴 고백처럼 조용히 스며들며 오래 남는 바람과도 같습니다. 우리 학교 중심에는 하나님 사랑 이웃 사랑 자기 사랑이 세 가지 삼애 정신이 자리 잡고 있습니다. 이 세 가지 사랑은 산상수훈의 팔복을 실천하는 삶을 통해 구현되고 있습니다. 우리가 가르치고자 한 것은 복음이며 살아 내고자 하는 것은 예수님의 길입니다."

월광기독학교가 인류 역사의 끝자락에 주님이 주신 소명을 말씀으로 품고 사랑의 삶으로 가르치는 참 기독교 교육의 좋은 모델이 되기를 기대합니다.

바쁜 업무 중에도 책을 저술한 이 교장께 다시 한번 감사를 드리며 지금까지 함께 하신 모든 분께 주님의 큰 위로와 소망이 함께하기를 바랍니다. 특별히 사랑하는 재학생들과 졸업 동문과 교직원과 학부모님들께 그리고 임원진과 월광교회에 주님의 은총이 충만하기를 바랍니다.

2025. 6. 20.
월광학교법인 이사장 김유수 목사

다시 사랑하기 위한 기록

　지금 이곳, 월광에 머물러 글을 쓰는 이 순간까지의 여정을 소개하지 않을 수 없어, 조용히 한 줄 한 줄 마음을 꺼내어 적어 봅니다.
　저의 교육 경험은 늘 적응과 부적응 사이, 경계 위에 선 채 흔들리던 시간이었습니다. 기억은 단편적이고 선명하진 않지만, 생계를 위해 바깥일에 매달려야 했던 부모님 아래에서 '가족'이라는 단어는 지금 시대의 그것과는 어딘가 결이 달랐습니다. 교육적 돌봄이 부재한 시대의 공백을 메운 것은 운동이었고, 신앙이었습니다. 그 두 가지는 저의 뿌리를 잡아 주었고, 결국 다음 세대를 위한 교육은 어떠해야 하는가라는 물음을 품게 했습니다. 그 질문이 저를 교직의 길로 이끌었습니다.
　졸업 즈음 만난 대안 교육은, 가슴 깊이 간직하게 된 도전이었습니다. 그리고 사회에 첫발을 내딛으며 삶을 던져 인생을 배우기 시작했습니다. 때론 불꽃 같았고, 때론 허공 같았으며, 결코 평탄한 길은 아니었지만 그만큼 값진 성장과 기쁨이 있었습니다.
　그 모든 여정의 결들이 얽혀, 지금 이곳 월광에 잠시 머물게 되었습니다. 아마도 저에겐 인류의 본능 속에 감춰진 '노마드'의 성향이 조금 더 짙게 새겨진 것일지도 모릅니다. 그러나 어느 흐름이든 매듭이 필요한 법. 지금 이 시점이, 월광과 저 모두에게 그러한 매듭이어야 했기에, 이 글을 꺼내어 정리하게 되었습니다.

이 책은 단지 한 학교의 이야기만은 아닙니다. 또한 단지 교육과정이나 수업의 기술을 정리한 문서도 아닙니다. 이 책은 '사람'에 대한 믿음, 그리고 교육이라는 이름 아래 그 믿음을 포기하지 않으려는 이들의 고백입니다.

월광기독학교는 맑은 달빛처럼 조용히 그러나 분명히 존재감을 드러내는 곳입니다. 이곳에서 저는 '가르침'이라는 단어가 가진 무게를 새롭게 배웠습니다. 교과서 너머, 커리큘럼 아래 숨어 있는 수많은 수업의 결들이 얼마나 교사의 정체성에 의해 빚어지는가를 매일 눈앞에서 보았습니다.

그 무형의 흐름, 말로 옮기기 어려운 현장의 리듬을 조금이라도 붙잡아 보려는 시도였습니다. 무엇보다도, 이 길을 묵묵히 걷고 있는 선생님들 한 사람 한 사람의 수고가 기록되지 않고 사라지지 않기를 바랐습니다.

월광기독학교의 수업은 표면적으로는 다른 학교들과 크게 다르지 않아 보일 수 있습니다. 34시간 수업 중 85%는 공통 교육과정이고, 15%는 특성화된 프로그램입니다. 하지만 표로 환산되지 않는 나머지 시간들, 평균적으로 한주 5시간에 달하는 '보이지 않는 교육의 장면들'이 이 학교의 심장입니다.

그 시간 속에서 이루어지는 것은 아이 한 사람의 표정을 오래 들여다보는 일, 가정 환경을 묻기 전 그날의 컨디션을 느끼는 일, 아무 말

없이 앉아 있는 아이의 곁에 함께 앉아 한 잔의 따뜻한 물을 건네는 손짓입니다.

이런 순간들은 교육과정표에도, 매뉴얼에도 실리지 않지만 진짜 교육의 핵심은 언제나 그 속에 있습니다.

월광의 수업은 두 형태로 움직입니다. 하나는 제도와 과정, 다른 하나는 사람과 관계입니다. 전자는 시각적으로 드러나며 객관화가 가능하지만, 후자는 늘 보이지 않는 그늘 속에서 교사의 인격과 삶 전체로부터 흘러나옵니다. 그래서 저는 교사들이 수업을 통해 삶을 가르치기 전에, 삶으로 수업을 살아낼 수 있도록 돕는 구조(시스템)를 만들고 싶었습니다.

단지 수업의 매뉴얼이 아니라, 교육공동체 전체에 흐르는 영적 리듬, 성장과 기다림의 호흡을 정리하고 싶었습니다. 이 흐름은 사람을 통해 이루어지며, 시간이 흐르면 자연스럽게 유형적인 변화를 낳게 될 것입니다. 그러니 이 책은 교육의 완성이 아니라, 변화를 위한 단단한 밑그림, 그 첫 장일 뿐입니다.

사실, 많은 부분은 제가 만든 것이 아니라 이미 이곳을 거쳐 간 수많은 교사들과 학부모님의 삶에서 흘러나온 결과입니다. 그들의 실패와 성공, 지속과 탈진, 그리고 무엇보다 다시 일어서서 걸어가는 믿음에서 많은 영감을 얻었습니다. 분석하기 힘든 부분들은 인공지능의 도움을 통해 재분석하여 마음으로 이 책을 적었습니다. 기록은 완전하지 않습니다. 그러나 이 부족한 기록이 앞으로 이 길을 걸어갈 선생님들에게 조금의 확신, 작은 위로, 그리고 새로운 다짐이 되어 주기를 바랍니다.

이 책을 통해 특성화된 교육 프로그램뿐 아니라, 일상의 수업 한 시간 한 시간 속에 숨겨진 '사랑의 구조'를 만나게 될 것입니다. 그 구조는 말보다 깊고, 기술보다 섬세합니다. 그것은 교육이라는 이름으로, 인간이라는 정체성으로, 신을 닮은 존재로 살아가는 모든 이들의 마음에서 출발합니다.

달빛은 소리 없이 온 세상을 비춥니다. 월광기독학교는 그런 달빛처럼 아이들을 향한 믿음을 놓지 않으며, 조용하지만 깊은 소리로 세상에 말을 걸고 있습니다.

이 책이 그 작은 목소리의 기록이 되기를 바랍니다. 그리고 그 목소리에 귀 기울여 줄 누군가에게 다정한 불빛이 되기를 바랍니다.

누군가 다시 사랑하고자 한다면, 이 길은 여전히 이어지고 있습니다.

의식의 전환에서 시작되는 교육

교육의 '의도성'에 대해 말할 때, 우리는 흔히 '준비된 학습체계로의 전환'을 떠올립니다. 이는 교육의 기술적 측면에서 쉽게 이해될 수 있는 개념입니다. 그러나 그 '의도성'이 어디를 바라보는가, 그 지향점이 무엇인가에 대한 질문은 단순한 시스템의 정비를 넘어섭니다.

교육의 목적은 단순히 시험 성적이나 경제적 성취를 위한 준비를 넘어, 삶 그 자체를 본질적으로 가치 있게 만들어 가는 일입니다. 그러나 오늘날 교육은 점점 경제적 독립이라는 결과 중심의 기준으로만 측정되고 있습니다. 이는 안타까운 일입니다. 인간의 '삶'은 결코 소득의 높고 낮음만으로 가늠되어서는 안 됩니다.

국가가 바르게 세워질 때, 사람들은 사회보장제도를 통해 보다 안정된 삶을 꿈꿀 수 있습니다. 그러나 인간의 내면에는 끊임없는 욕망이 자리하고 있기에, 그러한 이상은 쉽게 실현되지 않습니다. 교육자 된 저는 이 문제를 정치적 차원에서 다루기보다는, 인간 내면의 변화와 공동체의 회복을 통한 전환을 바라봅니다. 정치의 역할은 정치인에게 맡기고, 저는 교육이 감당해야 할 '깊이의 몫'을 말하고 싶습니다.

삶의 기본적인 안정이 이루어졌다고 가정할 때, 다음으로 중요한 것은 자기 자신과 이웃을 향한 '기능적 공동체'의 회복입니다. 그것이 가치 있는 인생의 첫걸음이기 때문입니다.

사람은 누구나 각기 다른 능력을 부여받았습니다. 그 능력을 비교하지 않고, 서로를 향한 나눔으로 풀어내며 살아가는 사회를 상상해 봅니다. 하고 싶은 일을 비교 없이 해낼 수 있는 구조, 경쟁이 아닌 공존을 말하는 교육이 필요합니다. 지금의 한국 사회는 끊임없는 경쟁과 줄 세우기의 문화 속에서, 타인을 딛고 올라서야만 살아남는 구조로 굳어져 있습니다.

저는 그런 사회가 타인의 능력을 질투하기보다 존경하며, 자신이 가진 경제적 자산을 '나눔의 실천'으로 전환하는 흐름으로 바뀌기를 바랍니다. 그 시작은 다름 아닌, 인간 의식의 수준을 높이는 데서 출발한다고 믿습니다.

의식이 달라지면, 삶을 바라보는 깊이도 달라집니다. 그 깊이의 전환은 거짓과 허상을 분별하게 하고, 도피적 취미와 무분별한 문화 소비에서 벗어나, 현실을 감당하며 창조하는 삶의 태도로 나아가게 합니다. 시간을 허비하는 것이 아니라, 시간을 통해 가장 가치 있는 역량을 형성하는 삶으로 이끌어야 한다는 확신이 생깁니다. 이러한 고민 속에서 저는 자연스레 신앙적인 접근을 가장 높은 자리에 두게 되었습니다.

의식의 향상은 단순한 의지나 노력만으로는 이루어지기 어렵습니다. 그것은 공동체와 신앙이 함께 어우러질 때 비로소 가능한 일입니다. 공동체는 문화를 이끌고, 문화는 다시 방향을 잡아가며, 더 높은 가치를 향해 나아가는 에너지로 우리를 이끕니다. 저는 이 흐름을 통해 새로운 차원의 의식을 경험해 왔습니다.

이러한 경험은 저의 성장 배경과도 맞닿아 있습니다. 저는 한국 사회라는 급속한 성장의 현장에서 자라며, 빠른 실용성과 기술 혁신이 만들어 내는 명암의 대비, 사회의 분리 현상, 그 속에서 개인의 정체성이 흔들리는 모습을 지켜보았습니다. 동시에, 부모 세대의 헌신과 희생 위에 누리게 된 교육의 자유, 지역과 시대에 따라 달라지는 문화적 격차 속에서 무엇이 다음 세대에 반드시 전해져야 할 중심인가를 묻게 되었습니다.

저는 이제, 이 시대의 한 중심에서 말하고자 합니다. 완벽하진 않지만, 우리가 걸어온 길은 결코 작지 않았고, 그 안에 담긴 경험과 고백은 다음을 위한 진정한 기반이 될 수 있다고 믿습니다.

이곳, 월광기독학교라는 공동체가 지닌 본질적인 정체성과 시대적 응답의 시작을 공유하고 소개하고자 합니다.

교육자의 기도

주님, 오늘도 학교의 문을 엽니다.
이 작은 공동체의 공기가 당신의 숨결로 채워지게 하소서.
아이들의 발걸음이 닿는 모든 길 위에
자유와 존엄과 희망이 자라나게 하소서.

저는 가르치는 자이지만
먼저 배워야 할 자임을 고백합니다.
아이들 속에 숨겨진 당신의 형상을 발견하게 하시고,
그들의 눈동자 속에 비친 불안과 두려움을
외면하지 않게 하소서.

말보다 삶으로 가르치게 하시고
규칙보다 관계로 다가서게 하소서.
교실이라는 울타리가 틀이 아니라 품이 되게 하시고,
지식이 목적이 아니라
사랑이 흘러가는 길이 되게 하소서.

때로는 지치고 흔들리는 나날 속에서
내가 걸어온 길을 되돌아보며
왜 이 길을 택했는지 잊지 않게 하소서.

주님, 내가 이 길 위에 선 것은
세상의 성공을 좇기 위함이 아니라
한 영혼의 생명을 빚기 위함이었습니다.
혼자서는 도저히 감당할 수 없기에,
오늘도 주님의 은혜를 구합니다.
나의 실수마저 당신의 뜻에 쓰이게 하시고,
나의 부족함 속에서 아이들이 자비를 배우게 하소서.

함께 걸어가는 동료 교사들과
같은 마음, 같은 기도로 손잡게 하시며
교실마다 당신의 평화가 깃들게 하소서.

그리고 언젠가 이 아이들이 세상 속으로 나아갈 때,
이곳에서
작은 불꽃처럼 시작된 믿음과 사랑이
세상을 밝히는 등불이 되게 하소서.

교육공동체 성장 플랜

2024년 5월, 우리는 '성장'이라는 단어를 다시 마주했습니다.

그동안 '교육공동체'라는 말 안에 막연하지만 단단한 소망을 품고 달려왔습니다. 그 막연함은 허상이 아니었습니다. 그 길 위에 남겨진 발자국들, 수많은 관계의 선들, 그리고 실패와 기다림마저 껴안았던 시간들이 우리를 지금 이 자리에 이르게 했습니다.

처음, 이 길을 책으로 남기기 시작했을 때 무형의 감각들이 점차 구조로 모습을 드러내기 시작했습니다. '함께'라는 단어는 더 이상 추상적이지 않았고, 공동체는 하나의 흐름으로 자라고 있었습니다. 그러나 질문은 여전히 이어졌습니다.

"이 공동체를 어떻게 살아 있게 할 것인가?"

"어떻게 구조화하고, 지속 가능한 운영을 할 것인가?"

우리는 멈추지 않고 배웠습니다. 해외 기업의 조직 시스템을 연구했고, 경영과 리더십, 협업과 성장에 대한 수많은 자료를 탐색했습니다. 배워야 할 것도, 시도해야 할 것도 산처럼 많았습니다. 하지만 교육 현장은 늘 긴박했고, 우리에겐 기다릴 시간이 없었습니다.

결단이 필요했고, 선택이 절실했습니다. 그래서 우리는 완벽하지 않더라도 지금, 여기에서 시작하기로 했습니다. 이 플랜은 완성된 해

답이 아닙니다. 오히려 시행착오의 여정 속에서 태어난 살아 있는 구조, 움직이는 언어입니다.

그동안 보이지 않게 준비해 온 수많은 연결점들을 이제는 스스로 엮어 내기 시작해야 할 시간입니다. 이 플랜은 단지 운영의 틀을 세우는 것이 아니라, 공동체를 살아 있게 하는 리듬을 복원하는 작업입니다. 함께 걷는 이들의 걸음을 잇고, 다음 세대를 위한 길을 놓는 작은 이정표가 되기를 바랍니다.

우리는 지금도 여정 위에 있습니다. 그러나 이 첫걸음이 결코 작지 않음을, 우리는 압니다.

We walk slowly, but never alone.

'방향을 아는 공동체'
분기점의 기록

우리가 마주한 가장 분명한 현실은
'의무교육'의 불평등이었습니다.
우리는 혜택을 말하려는 것이 아닙니다.
이야기하고자 했던 것은 선택의 자유,
교육의 자율성,
그리고 교육 체제에서 외면된 채
현실 안에서 대안을 살아 내야만 했던 아이들입니다.
그 아이들과 가정,
그리고 이 길을 묵묵히 동행해 온 교육자들은
그 무게를 조용히, 그러나 깊이 감당하고 있었습니다.
의무라 부르지만 책임지지 않는 교육,
교육이라 부르지만 기반이 붕괴된 체계.
그 안에서 고통받는 이들을 마주할 때마다
우리는 더 이상 침묵할 수 없었습니다.
어느 날 밤이었습니다.
야간 운전을 하던 중,
캄캄한 도로 위를 달리며

답답한 현실의 상황에 결심을 하게 되었습니다.
"이대로는 안 된다.
이제는, 더는 참을 수 없다."
그 울림은 단지 감정의 파도가 아니라,
우리를 움직이게 한 분기점이었습니다.
그리고, 다시 시작.
그로부터 1년 7개월의 시간이 흘렀습니다.
그 시간 동안 우리는 무수히 무너지고,
그만큼 다시 일어섰습니다.
이제 도교육청의 재정 지원이 시작되었고,
조금씩 문이 열리기 시작했습니다.
그러나 그 사이의 이야기는
말로 옮기기엔 너무 벅차고 아픈 기억들이기에
이쯤에서 멈추겠습니다.
다만,
지금, 우리가 여기에 있다는 것.
완전하지는 않더라도,
방향을 알고 있다는 것.
흐트러진 채로 걷고 있지만,
우리는 방향을 잃지 않았습니다.
그리고 이 길의 끝,
그곳에는 반드시
소명과 사랑으로 연결된 사람들이
함께 서 있으리라 믿습니다.

‖ 목 차 ‖

추천사 … 5
다시 사랑하기 위한 기록 … 9
의식의 전환에서 시작되는 교육 … 13
교육자의 기도 … 16
교육공동체 성장 플랜 … 18
'방향을 아는 공동체' … 20

1부 월광기독학교의 길을 묻다

우리 학교의 철학, 삼애 정신 … 28
삼애 정신 실천 선언문 … 31
삼애 정신을 실천하는 길: 팔복(八福)을 따라 … 36
팔복, 공동체를 향한 삶의 선언 … 38
심령이 가난한 자로 산다는 것 … 40
애통함으로 배우는 삶 … 43
의에 주리고 목마르게 사는 방법 … 49
긍휼한 마음 … 52
청결한 마음 … 54
화평케 하는 사람 … 57
의를 위한 핍박을 감내합니다 … 60
제자로서의 사명 … 64

2부 수업의 재구성

실천적 수업으로 재구성 ··· 68
수업 변화의 필요성 ··· 70
교육과정 속 수업 변화의 기반 ··· 72
학년별 주제와 설계 방향 ··· 75
향후 운영 및 발전 방향 ··· 76
꿈과 삶을 그리다: 융합 수업 이야기 ··· 82
회복적 수업을 위한 사전 마음가짐 ··· 84
우리는 수업을 통해 회복할 수 있을까 ··· 86
지식 기반이 아닌, 참여 중심 수업 구성 ··· 89
사용되는 다양한 수업 예시 ··· 92
함께 하는 배움, 예수님의 방식으로 ··· 95
월광기독학교 영어 페스티벌: 교육의 깊이를 더하다 ··· 98
'아함 캠프', 그 속에 담긴 기적(초등 3학년) ··· 101
로가톤: 사랑을 나누는 기부 마라톤(초등 5~6학년) ··· 106
이야기하는 땅, 말 걸어오는 도시들(고2 이동학습) ··· 110

3부 사랑으로 이어지는 길

교육의 흔적, 발자국 ··· 118
공동체라는 이름으로 ··· 121
신뢰는 이해보다 느리다 ··· 123
바람이 지나간 자리, 물이 머문 시간 ··· 126

4부 생활로 아이를 만나다. 사계

- 담임의 일과 - 2월의 어느 하루 ··· 130
- 3월의 시작 ··· 134
- 4월의 시작 ··· 138
- 5월 신뢰의 수업, 공동체의 실험 ··· 142
- 6월, 걸음을 멈추어 바라보는 시간 ··· 146
- 7월, 안으로 깊어지는 시간 ··· 149
- 8월, 비움의 계절 ··· 151
- 9월, 다시 길 위에 서다 ··· 153
- 10월, 사랑으로 익어 가는 시간 ··· 156
- 11월, 감사의 눈으로, 돌봄의 손으로 ··· 159
- 12월, 마무리의 은혜, 기다림의 온기 ··· 162
- 한 해를 정리하며 ··· 165
- 학교 운영 - 학사일정을 참조한 부장편 ··· 170

5부 다양한 이야기 모음

- 공감, 자각, 변화가 함께 일어나는 수업 설계 ··· 176
- 시선: 과학 수업의 변주 ··· 181
- 관계는 '존재의 중심'을 흔드는 곳에서 시작된다 ··· 185
- 질문의 불편함 ··· 187
- 개념은 현상 속에서 흐른다 ··· 189
- 수업은 '관계의 감응장'이다 — 가르침이 아닌 울림 ··· 190
- 교사의 과거와 아이의 미래가 만나는 지점 ··· 191
- 섬김 ··· 195

신 앞에 홀로된 사람	⋯ 197
신앙의 뿌리를 따라 걸어가는 공동체 선언	⋯ 200
생명력이 있는 교육	⋯ 202
관계와 성장 그리고 시간	⋯ 206
만남	⋯ 211
대화	⋯ 214
조금 더 깊은 대화	⋯ 216
기록되는 삶, 길이 되는 사람	⋯ 219
오르다, 머물다, 다시 걷다	⋯ 222
월광기독학교의 리더십 선언	⋯ 225
이곳에서 말하는 공동체	⋯ 227

6부 학부모님의 회고록 모음

한 걸음, 한 믿음 - 월광에서의 여정	⋯ 233
한 글자도 지울 수 없는 감사	⋯ 237
부르신 이는 하나님	⋯ 241

마무리하며	⋯ 247
마무리 기도	⋯ 252

1부

월광기독학교의
길을 묻다

사람을 먼저 품은 건물, 사랑이 먼저 자란 교실

우리 학교의 철학, 삼애 정신

월광기독학교의 중심 철학은 '삼애(三愛) 정신'입니다.
이 정신은 단순한 구호나 교육 슬로건이 아닙니다.
그것은 우리가 믿고 따르며,
날마다 넘어지고 다시 일어서기를 반복하며,
삶 속에서 실천하려 애쓰는
교육의 뿌리이자, 공동체의 숨결입니다.
이 사랑의 정신은 예수님의 말씀에서 비롯됩니다.

"선생님, 율법 중에서 어느 계명이 가장 큽니까?"
예수께서 대답하셨습니다.
"네 마음을 다하고 목숨을 다하고 뜻을 다하여
주 너의 하나님을 사랑하라 하셨으니,
이것이 크고 첫째 되는 계명이요.
둘째도 그와 같으니,
네 이웃을 네 자신 같이 사랑하라."(마태복음 22:36~38)

많은 설교와 해석이 이 말씀을 두고 쏟아지지만,

우리는 믿습니다.
성경은 감추는 책이 아니며,
하나님은 이 말씀을 '실천'으로 주셨다는 것.
그리하여 우리는 하나님을 사랑하고,
자신을 사랑하고, 이웃을 사랑하는 삶,
이 세 가지 사랑, 곧 삼애(三愛)의 삶을
그대로 살아 내고자 합니다.
그러나 고백합니다.
이 사랑을 한 사람의 힘만으로 온전히 살아 내는 것은
결코 쉬운 일이 아닙니다.
우리는 자주 흔들리고,
때로는 외면하고,
편리함에 따라 사랑을 조각냅니다.
그럴 때마다 우리는 다시 돌아옵니다.
'나'가 아니라 '우리'라는 이름으로.
삼애 정신은 개인의 결심이 아니라
공동체의 언약입니다.
우리는 혼자서 이 길을 완성하려 하지 않습니다.
함께 걸으며,
넘어진 자리에 서로를 일으켜 세우며,
삶 속에서 이 사랑을 훈련하고,
교육 속에서 이 사랑을 실험합니다.
삼애는 우리가 이미 이룬 성취가 아닙니다.

우리가 함께 이루어 가야 할 과제이며,
계속 걸어가야 할 방향입니다.
그 길 위에,
월광기독학교가 서 있습니다.
그 길 위에,
하루하루 사랑을 배우고 가르치는 선생님들이 계시고,
그 길 위를,
우리가 사랑하는 아이들이 함께 걷고 있습니다.

삼애 정신 실천 선언문
사랑에서 시작해 존재로 자라는 교육 공동체를 위하여

우리는 사랑으로 지음 받은 존재입니다.

이 교육은 한 사람의 변화에서 시작되어, 공동체 전체를 향한 거룩한 떨림으로 이어질 것입니다. 사랑이 교육의 시작이자 목적이라면, 우리는 세 가지 사랑 안에서 존재를 틔우고, 걸음을 내딛습니다.

1. 하나님 사랑

"주 너의 하나님을 마음을 다하고 뜻을 다하고 힘을 다해 사랑하라."

하나님을 사랑하는 일은 단지 머리로 이해하는 교리를 넘어서, 우리 삶의 결을 바꾸고, 수업의 결에도 스며드는 존재적 고백입니다.

말씀이 삶이 되는 예배

매일 공동체와 학급 예배를 통해, 말씀은 삶의 이야기로 풀려 납니다. QT는 단순한 습관이 아니라 말씀이 나의 일상을 관통하게 하는 영적 호흡이 됩니다. 캠페인은 형식이 아닌 삶을 말씀 위에 놓는 실천의 길입니다.

교사의 영적 공동체

교사 기도회와 성경공부 모임은 동료 교사를 신앙으로 연결하는 보이지 않는 끈입니다. 우리는 전문성 이전에, 믿음을 함께 품고 나누는 존재로 서 있습니다. 교사의 신앙고백과 사명문은, 매해 "나는 누구이며 왜 여기 있는가"를 되묻는 영혼의 거울입니다.

교과 속 창조 질서

하나님의 창조는 모든 교과 속에 살아 있습니다.
과학에서는 질서와 다양성의 경외함을,
문학에서는 회복의 이야기를,
수학에서는 진리의 정직함을 발견합니다.
수업은 창조의 흔적을 따라 걷는 경로가 됩니다.

2. 자기 사랑

"네 자신을 사랑하라."

하나님의 형상대로 지음 받은 나, 하지만 세상은 끊임없이 비교하고, 평가하고, 지워 갑니다. 그러하기에 우리는 다시 존재의 목소리를 회복하는 교육을 시작합니다.

정체성과 마음돌봄의 교육

'나는 누구인가'를 묻는 정체성 수업은 한 사람을 위한 축제입니다. 코칭과 달섬노트 쓰기를 통해, 학생은 자신의 내면을 마주하고 돌보는 기도 같은 시간을 갖게 됩니다.

실패를 품는 용기, 성장을 믿는 교육

결과 중심의 문화를 넘어, 과정을 존귀히 여기는 학교 문화를 만들어 갑니다.

자치활동과 선택권은 자기 존중의 첫걸음이며, 스스로 선택하고 감당하는 힘을 키우는 교육입니다.

몸과 삶을 아끼는 일상 훈련

식생활, 수면, 디지털 관리는 단지 정보가 아닌, 삶을 살아가는 존재의 훈련입니다. 정서 응급처치, 스트레스 해소 워크숍 등은 몸과 마음이 이어진 온전한 나로 살아가기 위한 작은 실천입니다.

3. 이웃 사랑

"네 이웃을 네 몸과 같이 사랑하라."

사랑은 관계 속에서 비로소 드러납니다.

사랑은 '나'를 넘어서 '우리'로 존재하는 법을 배우는 일입니다.

회복적 생활문화와 감정의 언어

메시지, 공감 훈련, 책임의 언어는 갈등을 피하지 않고 정면으로 마주하는 관계의 용기를 기릅니다. 자치회는 교실 안을 정서적 안전지대로 바꾸는 장치입니다.

협력과 돌봄의 수업 설계

협동학습과 프로젝트 수업은 함께 배우고 함께 자라는 공동체 중심의 수업 디자인입니다. 공감 인터뷰, 다문화 수업은 타인의 얼굴을 마주하며 관계의 감수성을 키우는 훈련입니다.

지역과 함께하는 교육의 삶

마을과 연결된 봉사활동, 학부모와 함께 만드는 이웃 프로젝트는 학교와 가정이 함께 이웃을 향해 나아가는 실천입니다. 우리는 이 시대에 침묵하지 않고, 사랑으로 말하며 행동하는 다음 세대의 아이들을 세워 가고자 합니다.

앞으로를 향한 고백

이 실천은 단지 오늘을 위한 지침이 아닙니다. 이것은 교육의 본질을 다시 사랑이라 부르는 선언이며, 다가올 미래 속 우리 아이들이 사랑으로 존재할 수 있는 힘을 길러 주는 여정입니다.

우리는 멈추지 않습니다.
매일을 새롭게 호흡하며,
사랑의 깊이를 다시 묻고,
그 질문 속에서 다음 세대의 삶을 위한 길을 열어 갑니다.

영역	세부 내용
하나님 사랑	공동체 예배, QT, 말씀 걷기 캠페인 등 영적 훈련
	교사 기도회, 성경공부, 사명문 작성
	기독교 세계관 기반 교과 수업 운영
자기 사랑	정체성 교육, 감정코칭, 마음일기
	Again 박람회, 지력 중심 평가, 학생 자치활동
	건강한 생활습관, 정서 응급처치 교육
이웃 사랑	회복적 대화, 평화위원회, 교실 정서문화 조성
	협동학습, 공감 인터뷰, 다문화 수업 등
	지역 봉사활동, 학부모와 함께하는 이웃 프로젝트

삼애 정신을 실천하는 길: 팔복(八福)을 따라

삼애 정신을 단순한 슬로건이 아니라,
실천 가능한 삶의 방식으로 우리 학교는
예수께서 산 위에서 선포하신 팔복(마태복음 5:3~12)을 구체적인 삶의 태도로 살아 냅니다.

팔복의 말씀	실천의 표현	삼애 정신과의 연결
1. 심령이 가난한 자는 복이 있나니	겸손히 배우려는 마음으로 시작합니다.	하나님을 사랑하는 태도
2. 애통하는 자는 복이 있나니	자신의 부족함과 타인의 아픔에 민감합니다.	자기와 이웃을 돌아보는 눈
3. 온유한 자는 복이 있나니	강요하지 않고 설득하며 기다립니다.	사랑의 소통 방식
4. 의에 주리고 목마른 자는 복이 있나니	정의와 진리를 향한 갈망을 가집니다.	하나님 나라를 향한 방향
5. 긍휼히 여기는 자는 복이 있나니	연약한 이에게 손을 내밉니다.	이웃 사랑의 실천
6. 마음이 청결한 자는 복이 있나니	내면의 동기를 점검하며 진실하게 삽니다.	자기 자신을 사랑하는 정직
7. 화평하게 하는 자는 복이 있나니	갈등을 덮지 않고, 함께 풀어 갑니다.	공동체를 지키는 사랑
8. 의를 위하여 박해를 받는 자는 복이 있나니	불편한 진실을 외면하지 않습니다.	하나님의 뜻을 따르는 결단

삼애 정신은 구호나 표어가 아닙니다.
우리가 매일 선택해야 할 삶의 방향입니다.
우리는 완전하지 않지만, 이 정신을 따라
매일 조금 더 사랑으로 살아 내는 사람이 되기를 소망합니다.

교육은 사랑을 실천하는 일입니다.
우리는 그 사랑을 공간으로 말합니다.

팔복, 공동체를 향한 삶의 선언

우리는 흔히 '팔복'이라 부릅니다. 그러나 이것은 단순히 복을 얻기 위한 길이 아닙니다. 복을 구하며 사는 것이 아니라, 예수를 따르는 제자로서 어떻게 살아야 할지를 말씀하신 길입니다.

월광교회와 월광기독학교의 교육 철학은 바로 이 삶의 방식, 곧 삼애 정신(하나님 사랑, 이웃 사랑, 자기 사랑)에 뿌리를 두고 있습니다.

이 정신은 김유수 목사님의 삶과 가르침을 통해 2005년 『세상을 아름답게 하는 하나님의 사람들』이라는 책으로 정리되었고, 지금 이 공동체 안에서 살아 숨 쉬고 있습니다.

예수님의 산상보훈은 단지 영적 이상향이 아니라, 오늘 이 자리, 이 교실, 이 삶의 구석구석에서 살아 내야 할 제자의 선언입니다.

이것은 "사명 선언문"입니다.

누가복음 6장 13절은 예수께서 제자들을 부르신 후, 그들에게 가장 먼저 가르치신 말씀이 산상보훈임을 보여 줍니다.

그 시작은 감탄사, "복이 있도다!"로 시작합니다.

헬라어로 '복'(μακάριος, makarios)은 단순한 물질적 만족이 아니라, 세상 어떤 상황에도 빼앗기지 않는 깊은 기쁨과 자유를 의미합니다.

"너희의 기쁨을 빼앗을 자가 없느니라"(요한복음 16:22)

이 복은 장차 올 천국만을 말하지 않습니다.

바로 지금, 우리가 발 딛고 서 있는 이 자리에서 실현되어야 할 하나님 나라의 삶입니다. 팔복은 하나님의 나라 백성이 어떻게 살아야 할지를 보여 주는 '삶의 교과서'이며, 우리 공동체의 교육적 실천 철학으로 재해석되어야 할 선언입니다.

기도의 이름들이 모여
오늘의 교육을 지었습니다.

심령이 가난한 자로 산다는 것
낮아질수록 가까워지는 하늘의 문

예수님께서는 팔복의 첫 문을 이렇게 여셨습니다.

"심령이 가난한 자는 복이 있나니, 천국이 그들의 것임이요." 복을 이야기하시며, 그 첫 번째 자리에 가난한 심령을 두셨다는 것은 곧 하나님 나라를 여는 가장 깊은 열쇠를 우리에게 쥐여 주신 것이 아닐까 생각합니다.

왜 '성공한 자', '강한 자', '지혜로운 자'가 아닌, '가난한 자'일까요? 예수님께서 말씀하신 이 '가난함'은 단순한 결핍이나 궁핍이 아닙니다.

헬라어로 '프토코스(ptōchos)'라는 이 단어는 완전히 비어 있는 상태, 자기 힘으로는 아무것도 할 수 없음을 인정하고 전적으로 하나님께 의존하는 마음을 뜻합니다.

다시 말해, 하나님 없이는 살아갈 수 없는 존재임을 인정하는 마음, 자기 지혜나 의로는 설 수 없음을 아는, 고백하는 심령입니다.

그렇기에, 이 복은 단지 위로의 말이 아니라 존재에 대한 새로운 선언입니다.

심령이 가난한 자는 자신을 과장하지 않습니다.
하나님 앞에서, 사람 앞에서

정직하게 서는 사람입니다.
그 마음은
겸손하고,
순종하며,
무릎 꿇는 자리로 스스로 내려옵니다.
그 빈 마음 위에
하늘로부터 오는 진짜 부요함이 채워지기 시작합니다.
예수님께서는 이렇게 말씀하셨습니다.

"누구든지 자기를 높이는 자는 낮아지고,
자기를 낮추는 자는 높아지리라."(마태복음 23:12)

그렇다면, 심령이 가난한 삶은 구체적으로 어떤 모습일까요?
첫째, 하나님을 갈망하는 마음입니다. 시냇물을 찾는 사슴처럼, "주님 없이는 살 수 없습니다"라는 고백으로 살아갑니다.
둘째, 자신의 부족함을 인정하는 태도입니다.
"나는 괜찮아요"가 아니라, "나는 여전히 주님의 은혜가 필요합니다"라고 말할 수 있는 용기입니다.
셋째, 다른 사람의 연약함을 품는 마음입니다.
내가 가난함을 알기에, 다른 이의 어둠과 상처를 이해하고 기다릴 수 있습니다.
넷째, 세상의 위로와 질서에 휘둘리지 않는 자유입니다.
하나님이 주시는 평안이 세상이 주는 위로보다 더 크다는 것을 알기에 세상 한복판에서 자유롭게 살아갈 수 있습니다. 예수님께서는 그러한 마음을 가진 이들에게 "천국이 그들의 것"이라 말씀하셨습니다.

그 천국은 단지 죽어서 가는 장소가 아니라, 지금 이 땅에서부터 시작되는 하나님 나라를 말합니다. 심령이 가난한 사람은 이미 그 마음 안에 하나님의 질서와 평화가 임한 사람입니다. 그 마음은 하늘로부터 오는 빛으로 숨 쉬고, 세상 속에서 하나님 나라의 향기를 퍼뜨립니다.

저희는 이 말씀을 학교 안의 신앙 교육에만 머물게 하지 않습니다. 월광기독학교에서 이 첫 번째 복은 교육과정과 수업, 생활 지도와 관계 회복, 가정과의 연대와 공동체의 문화 전체를 이끄는 방향성입니다.

교사는 심령이 가난한 태도로 끊임없이 배우는 존재가 되고, 학생은 자신의 부족함을 인정하고 친구를 품는 화평의 사람으로 성장하며, 부모는 긍휼히 여기는 마음으로 자녀의 속도와 결을 기다리는 양육자가 되고, 공동체는 의를 위하여 고난을 감수할 수 있는 믿음의 연대로 살아가게 됩니다.

팔복은 저희에게 있어 그저 외우는 문장이 아니라, 교육을 살아가는 방식입니다. 우리는 이 말씀을 암송하는 것을 넘어서 함께 살아 내고자 합니다.

애통함으로 배우는 삶
울 수 있는 사람, 하나님께 닿을 수 있는 사람

예수님께서는 우리가 이 땅에서 누릴 수 있는 복을 세상의 논리와는 전혀 다른 방향으로 말씀하셨습니다. 세상은 기쁨을 쫓고, 웃음을 미덕으로 삼으며, 슬픔은 되도록 피해야 할 감정처럼 여깁니다. 그러나 예수님은 말씀하십니다.

"애통하는 자는 복이 있나니, 그들이 위로를 받을 것임이요."(마태복음 5:4)

왜일까요?

왜 눈물 흘리는 자, 슬픔을 안고 있는 자에게 복이 있다고 하셨을까요? 예수님께서 말씀하신 애통은 단순한 감정적 슬픔을 의미하지 않습니다. 이 애통은 죄를 자각하는 내면의 정직함에서 시작됩니다.

하나님 앞에 나의 죄와 상처, 그리고 내 안의 상한 감정과 교만을 외면하지 않고 눈물로 고백하며 엎드리는 마음입니다. 동시에, 이 애통은 이웃의 고통을 외면하지 않는 사랑의 표현이기도 합니다. 타인의 아픔에 눈 감지 않고, 내 슬픔인 것처럼 함께 울 줄 아는 마음.

그 애통이 복입니다.

그렇다면 왜 애통하는 자가 복이 있을까요? 그들에게는 세상이 줄 수 없는 위로, 하나님이 친히 주시는 위로가 임하기 때문입니다. 그 위로는 말로만 건네지는 위로가 아니라, 깊은 상처의 자리까지 다가오시는 하나님의 손길입니다.

상처를 감싸 안으시고, 다시 일어설 수 있도록 새로운 힘과 생명을 주시는 위로입니다. 애통은 고난을 견디는 것이 아닙니다. 그 광야의 시간 속에서 우리는 하나님께 더 가까이 가게 됩니다. 그리스도의 마음을 조금씩 알아 가고, 그분의 사랑을 닮아 가게 됩니다.

애통의 삶, 우리는 어떻게 살아야 할까요?
첫째, 자신을 정직하게 바라보아야 합니다. 우리 안에 있는 탐욕, 시기, 분노, 교만 그 모든 것을 덮지 않고 드러내는 것이 회개의 시작입니다.
둘째, 이웃의 고통에 눈 감지 말아야 합니다. 누군가 슬퍼할 때, 그 곁에 조용히 앉아 함께 울어 줄 수 있는 사람, 그가 애통하는 자입니다. 그런 공동체가 하나님 나라를 이 땅에 드러냅니다.
셋째, 공동체 안에서 질투와 시기를 내려놓아야 합니다. 다른 이의 성공에 기뻐하고, 먼저 된 자에게 감사할 수 있는 마음. 그것이 성숙한 애통입니다.
넷째, 광야를 피하지 않아야 합니다. 억울함, 좌절, 눈물, 그 모든 시간은 하나님이 우리를 빚으시는 자리입니다. 애통은 약함이 아니라, 도망치지 않는 강함입니다.

애통하는 사람은 자기 연민에 머물지 않고 고통 앞에서 무릎 꿇고 기도하는 사람입니다. 그 마음에 하나님이 찾아오십니다. 그 마음이 곧 복입니다. 예수님께서는 하늘의 보좌에 계셨지만, 가장 낮은 곳으로 내려오셨습니다.

인간의 아픔에 귀 기울이셨고, 우리를 위해 눈물 흘리셨으며, 십자가에서 모든 것을 내려놓으셨습니다.

그분의 마음을 닮고자 한다면, 우리는 애통해야 합니다. 울 수 있어야 하며, 함께 울어 줄 수 있어야 합니다. 그 눈물 속에서 하늘의 위로가 임하고, 그 위로가 우리를 다시 사랑의 사람으로 세웁니다.

월광기독학교는 애통을 단지 신앙의 태도나 감정의 영역으로만 보지 않습니다. 교육 전체에 걸쳐, 이 애통의 정신이 살아 있어야 한다고 믿습니다.

교사는 학생의 눈물에 함께할 수 있는 마음의 여백을 지닌 존재여야 하며, 학생은 다른 친구의 실패 앞에 조롱보다 기도를 먼저 떠올릴 수 있는 사람으로 자라야 하고, 부모는 자녀의 실수 앞에 정죄보다 기다림의 마음으로 설 수 있어야 하며, 공동체 전체는 세상의 경쟁 대신 서로를 붙드는 공감의 리듬을 품어야 합니다. 애통은 눈물이지만, 결국은 사랑이며, 하나님의 마음이 이 땅에 심겨지는 방식입니다.

세상은 말합니다.

"강한 자만이 살아남는다"고. 더 큰 소리를 내고, 더 빠르게 움직이고, 더 많은 것을 움켜쥔 자가 승자라고 말합니다. 하지만 예수님은 전혀 다른 길을 가르치셨습니다. 그분은 말씀하셨습니다.

"나는 마음이 온유하고 겸손하니 내게 배우라"(마 11:29)

예수님의 마음이 곧 온유함의 본질이었습니다.
온유란 무엇인가. 성경에서 말하는 온유(πραΰτης, praotēs)는 단지 부드럽고, 착하고, 말이 없는 성격을 말하지 않습니다. 온유는 극단으로 치닫지 않는 중심의 마음, 중용(中庸)을 아는 자의 태도입니다. 그것은 분노에 휘둘리지 않는 평온, 억지로 누르지 않아도 나오는 절제, 강함 속에 숨겨진 부드러움이며, 자기를 주장하지 않되 자기 가치를 아는,
지혜로운 포용의 태도입니다.
예수님이 말씀하신 씨 뿌리는 비유에서, 돌밭도 가시덤불도 아닌, 그저 조용히 씨를 품고 뿌리를 내리는 옥토의 마음이 바로 온유입니다. 그 마음은 수용하는 마음, 세상의 소리보다 하나님의 말씀을 듣고 품어 열매로 응답하는 마음입니다.
온유는 힘입니다.
많은 사람들이 온유함을 연약함으로 오해합니다. 하지만 성경이 말하는 온유는 자기 힘을 알고도 그 힘을 휘두르지 않는 절제된 강함입니다.

모세는 강력한 지도자였습니다.
그러나 민수기 12장 3절은 그를 가리켜 "세상에서 가장 온유한 자"

라 말합니다. 아브라함은 자신의 권리를 주장할 수 있었지만 조카 롯에게 좋은 땅을 양보합니다.

그리고 예수님 그분은 하늘의 권세를 가지셨지만 그 모든 것을 내려놓고 종의 모습으로 낮아지셨습니다. 십자가 앞에서도 당당히 조용히, 하나님의 뜻에 자신을 의탁하셨습니다.

온유는 그런 것입니다.

자기를 비울 수 있는 용기이며, 하나님 앞에서 모든 것을 맡길 수 있는 신뢰입니다.

온유는 배워야 합니다.

온유는 타고나는 것이 아니라 배워야 하는 것입니다. 그래서 기독학교가 존재해야 하고, 그에 맞는 교사와 교육과정이 필요합니다.

아이는 부모를 통해 온유함을 배웁니다.

학생은 교사를 통해 그 온유함을 봅니다.

가정은 학교와 함께 그 배움의 길을 갑니다.

교사 역시 스스로의 교만과 완고함을 꺾고 배우는 자가 되어야 합니다. 온유는 훈련과 성찰을 통해 자라납니다.

하루아침에 이루어지지 않습니다.

말씀 안에 거하고, 공동체 안에서 부딪히고, 실패 속에서 배우며 자라납니다. 세상은 온유한 자의 것이라 예수님은 이렇게 말씀하셨습니다.

"온유한 자는 복이 있나니 그들이 땅을 기업으로 받을 것이요"(마 5:5)

여기서 '땅'은 소유의 개념이 아니라, 하나님의 뜻이 이루어지는 삶의 자리, 자신이 감당해야 할 세상의 몫을 말합니다. 온유한 자는 그 몫을 차지하게 됩니다. 억지로 빼앗는 것이 아니라 하나님이 맡기시는 땅을 담담히, 그러나 충실하게 감당할 자격이 있는 이들입니다. 그래서 오늘도 우리는 온유해지기를 배웁니다.

비우고,

묵상하고,

말을 아끼고,

경청하고,

때로는 눈물로 응답합니다.

우리의 아이들이 온유한 자로 자라나길 바라며, 우리는 오늘도 가르치고 또 배웁니다. 온유는 인생을 바꾸는 힘입니다. 공동체를 살리는 씨앗입니다. 세상을 이기는 하나님의 방식입니다.

의에 주리고 목마르게 사는 방법
갈망이 깊은 자에게 하늘의 배부름이 임합니다

세상은 배가 부른 것을 복이라 말합니다. 풍요, 만족, 성공, 성취. 이 모든 것이 인간이 꿈꾸는 복의 이미지로 여겨집니다. 그러나 예수님께서는 말씀하십니다.

"의에 주리고 목마른 자는 복이 있나니, 그들이 배부를 것임이요."
(마태복음 5:6)

예수님께서 말씀하신 이 '주림'과 '목마름'은 단지 결핍의 상태가 아닙니다. 무엇을 향해 갈망하고 있는가, 그 갈망의 방향과 중심에 대한 질문입니다.

예수님의 심장에는 하나님의 나라에 대한 깊은 갈망이 있었습니다. 죄인 된 인간을 향한 불타는 목마름, 그분은 단지 도덕적인 '좋은 분'이 아니셨습니다. 그분은 의로움 자체, 곧 하나님의 본성과 생명을 이 땅에 드러내신 분이셨습니다. 그래서 의에 주리고 목마른 삶은 단지 착하게 사는 것이 아닙니다. 선한 삶은 윤리로도 가능합니다.

그러나 의로운 삶은 하나님으로부터만 흘러나옵니다. 하나님의 의는 시간도, 조건도, 상황도 흔들 수 없습니다. 그 의는 흘러내리는 생명이며, 우리에게 믿음으로 옷 입히시는 은혜입니다.

"복음에는 하나님의 의가 나타나서 믿음으로 믿음에 이르게 하나니, 기록된 바, 오직 의인은 믿음으로 말미암아 살리라."(로마서 1:17)

하나님의 의는 죄 가운데 숨은 인생에게 다시 나아올 길을 여시는 초대이자 약속입니다.

우리는 그 의로움에 늘 목말라야 합니다.

세상의 만족에 길들여졌던 시간들을 돌아볼 때, 우리는 너무 쉽게 죄를 받아들이고, 너무 자주 이웃의 아픔에 무감각해지며, 자신만의 질서와 중심으로 삶을 흘려보내곤 했습니다. 그래서 우리는 더욱 간절해져야 합니다.

죄에 붙들리지 않기 위해 회개하고, 질서를 잃지 않기 위해 다시 돌아서며, 공동체와 함께 하나님의 뜻을 향해 걸어가야 합니다.

의에 주리고 목마른 삶은 단지 이상을 품는 것이 아닙니다. 그것은 하나님과 동행하기 위한 영혼의 발버둥입니다. 오늘 하루를 살아 내는 믿음의 방식이며, 세상과 구별된 하늘 백성의 삶의 자세입니다. 그렇게 갈망하는 이에게 예수님은 말씀하십니다.

"그들이 배부를 것이다."

이 배부름은 세상이 말하는 포만이 아닙니다. 이 배부름은 하나님의 마음으로 충만해지는 것, 죄와 갈등을 넘어, 용서와 평화로 채워지는 상태, 그리고 진리 안에서 살아가는 깊은 만족입니다.

월광기독학교는 이 말씀을 학생들에게 단지 외우게 하지 않습니다. 이 말씀은 갈망하는 존재로서 살아가는 훈련의 기초가 됩니다. 교사는 하나님의 뜻을 배우고자 늘 목마른 사람이어야 하며, 학생은 정답보다 바른 삶을 갈망하는 사람으로 자라야 합니다. 부모는 자녀에게 의로움이란 무엇인지 삶으로 보여 주어야 하며, 공동체는 세상의 논리가 아닌, 하나님 나라의 질서를 추구하는 방식으로 함께 걸어야 합니다.

의에 주리고 목마른 사람은 그 자체로 하나님 나라의 시민이며, 이미 그 갈망 속에서 하늘의 배부름을 시작한 사람입니다. 오늘도 저희는 묻습니다. 무엇을 갈망하며 살아가고 있는가? 그리고 다시 고백합니다.

"하나님, 오늘도 주님의 의를 향해
　　　　　　목마른 마음으로 걷게 하소서."

긍휼한 마음
하나님의 마음으로, 사람을 품는 사랑

 팔복의 처음 네 가지 복이 하나님을 향한 내면의 고백이었다면, 이제부터는 그 고백이 관계 속에서 실현되는 복으로 확장됩니다.
 그 중심에는 '긍휼'이 있습니다. 긍휼은 성경이 반복해서 강조하는 하나님의 마음이며, 예수님의 심장이기도 합니다.

 "나는 긍휼을 원하고, 제사는 원하지 아니하노라."(호세아 6:6, 마태복음 9:13)

 긍휼이라는 말은 단순히 누군가를 불쌍히 여긴다는 뜻이 아닙니다. 성경이 말하는 긍휼(eleēmon, mercy)은 그 사람의 마음 안으로 깊이 들어가, 함께 아파하고, 함께 울고, 함께 짐을 짊어지는 공감의 깊은 힘입니다.
 긍휼은 약함을 덮어 주고, 상처를 멀리하지 않으며, 부족한 자를 기다리고 일으키는 사랑입니다. 그러나 그것은 무분별한 용서나 왜곡된 친절을 의미하지 않습니다. 긍휼은 언제나 진리와 정의 안에서 자라납니다.
 예수님은 죄를 덮지 않으셨습니다. 죗값을 외면하지 않으셨습니다.

그러나 그 죄를 감당하기 위해 독생자 자신을 내어 주셨습니다. 그것이 하나님의 방식입니다.

긍휼은 사랑이면서도, 동시에 십자가입니다.

우리는 모두 그 긍휼을 받은 자들입니다.

그 사랑 없이 지금 이 자리에 설 수 없었던 존재들입니다.

그러므로 우리는 마땅히 긍휼을 살아 내야 할 자들이기도 합니다. 긍휼은 공동체 속에서 기준을 지키되, 정죄하지 않는 태도로 나타납니다.

넘어진 이를 다시 일으켜 세우는 손이며,

잘못된 길 앞에서 진리를 말하되,

끝까지 사랑으로 품는 인내입니다.

긍휼은 기도가 필요한 덕목입니다.

그 어떤 인간적 의지나 성격으로는 이 사랑을 흉내 낼 수 없습니다. 왜냐하면, 긍휼은 하나님의 마음이기 때문입니다. 그래서 우리는 날마다 기도합니다.

"주님, 제 마음에 들어와 긍휼의 주인이 되어 주시옵소서."

세상이 보기에는 긍휼히 여기는 삶은 손해 보는 삶처럼 보일 수 있습니다. 하지만 예수님께서는 분명히 말씀하십니다.

"그들이 긍휼히 여김을 받을 것이라."

긍휼은 세상의 승리를 얻는 방식이 아니라, 하늘의 복을 심는 방식입니다. 그 길은 온전히 맡기며, 순전히 따라가는 삶입니다. 그리고 그 길 위에 예수님께서 걸으셨던 사랑의 자취가 있습니다.

청결한 마음
섞이지 않은 마음, 하나님을 향한 순전한 길

우리는 누구나 깨끗함을 원합니다.

외적으로든, 내적으로든 조금 더 단정하고, 더 선하게, 더 맑아지고 싶어 합니다. 그래서 모든 종교는 '청결'을 말합니다.

그러나 성경이 말하는 청결은 단순히 외적인 단정함이나 행동의 바름이 아닙니다. 예수님께서 말씀하신 이 복,

"마음이 청결한 자는 복이 있나니, 그들이 하나님을 볼 것임이요."
(마태복음 5:8)

여기서 말하는 '청결'은 헬라어 카타로스(katharos)로 표현됩니다. 그 뜻은 포도주에 물 한 방울도 섞이지 않은 순수함, 먼지 하나 없는 세탁된 옷처럼 깨끗함, 키질 후 남은 맑은 알곡, 타협하거나 섞이지 않은 본래의 것, 혼합되지 않은 진짜 마음을 의미합니다.

이것은 사람 앞에서 꾸며 낸 마음이 아니라, 하나님 앞에서 벌거벗은 듯 서 있는 정직하고 순전한 마음입니다. 그러나 우리는 알고 있습니다. 흙탕물에 빠진 옷이 스스로를 깨끗하게 할 수 없듯, 우리의 마음도 우리 자신만의 노력으로는 청결해질 수 없습니다. 누구도 자기

의로 그 마음을 정결케 하지 못합니다.

그래서 우리는 은혜가 필요합니다.

씻김이 필요합니다.

청결한 마음이란 스스로 닦아낸 마음이 아니라, 하나님께 씻김 받은 마음입니다. 그 마음은 하나님께서 주시는 선물입니다. 그래서 우리는 기도합니다.

"하나님, 저의 마음을 씻어 주옵소서.
두 마음을 품지 않게 하시고,
섞이지 않은 순전함으로 하루를 걷게 하소서."

하얀 옷을 입고 하루를 시작하면 우리는 더 조심스럽게 걷게 됩니다. 그 옷이 더러워질까 조심하듯, 하나님의 은혜를 입은 자는 자연스레 다르게 살게 됩니다.

청결한 마음으로 하나님을 본다는 것은 눈으로 보는 일이 아닙니다. 그것은 믿음의 눈으로, 삶의 발걸음으로 하나님을 만나는 일입니다.

눈을 감아도 사랑하는 이가 떠오르듯, 그 마음은 우리를 하나님 앞으로 이끌고, 그분을 기억하게 하며, 그분을 닮아 가게 합니다.

그 변화는 말에 머물지 않습니다.

생각이 달라지고, 말이 부드러워지며, 행동이 고요한 빛을 품게 됩니다. 그 변화는 오래 걸릴 수도 있고, 순간적으로 스쳐 갈 수도 있지만, 그 흔적은 지워지지 않습니다. 왜냐하면 그것은 정결한 영이 우리 안에 살아 숨 쉬고 있다는 증거이기 때문입니다.

월광기독학교는 이 복을 행동의 규범이 아닌, 교육의 중심 가치로 삼습니다.

교사는 동기가 정직한 사람, 아이들 앞에서 진실한 자세로 서는 사람이어야 하며, 학생은 단순히 착해지려는 것이 아니라 마음의 중심이 순전한 사람으로 자라야 합니다.

부모는 자녀에게 겉보다 속이 중요한 삶을 일상으로 전해 주어야 합니다. 공동체 전체는 겉모양이 아닌, 본질로 하나 되는 리듬을 만들어 가야 합니다. 청결한 마음은 교육을 단순한 기능이 아닌, 하나님의 마음을 품는 존재 훈련의 장으로 변화시킵니다. 우리는 오늘도 기도합니다.

"하나님, 저희 마음을 깨끗하게 하소서.
외식하지 않게 하시고,
분열되지 않게 하시며,
하나님을 보는 눈이 흐려지지 않게 하소서."

이 마음을 품고 걷는 사람, 그 사람에게 하나님께서 자신을 보여 주신다고 예수님은 말씀하셨습니다.

화평케 하는 사람
고요한 마음으로 세상을 감싸는 사람들

세상은 '이긴 자'에게 박수를 보냅니다.

더 높이, 더 빠르게, 더 강하게 살아남는 자가 곧 성공한 자라는 이야기로 가득합니다. 하지만 하나님의 나라는 다릅니다.

예수님께서 이 땅에 오신 목적은 승리를 위함이 아니라, 화평을 이루기 위함이었습니다.

그분의 삶 전체, 그분이 지신 십자가의 정신, 그 본질은 에이레네(εἰρήνη), 샬롬(שׁלוֹם), 곧 진정한 평화입니다. 이 평화는 단순히 다투지 않는 상태가 아닙니다. 예수님께서 말씀하신 화평은 서로의 선을 세우기 위한 적극적인 마음, 그리고 사랑으로 다가가는 용기입니다.

"화평을 사랑하는 자"가 아니라, "화평케 하는 자"가 복이 있다고 하신 이유는 평화는 마음속 감정이 아니라 삶의 방향이기 때문입니다.

화평은 자신의 칼을 거두고, 자기 고집과 욕심, 기준과 계산을 내려놓고, 먼저 손 내미는 사람의 자세로 이루어집니다. 예수님은 그 길을 먼저 걸으셨습니다. 사람들 사이에 막힌 담을 허무시고, 죄로 닫힌 마음을 여시기 위해

자신의 생명을 내어 주셨습니다.

"너희가 서로 사랑하면, 이로써 세상이
너희가 내 제자인 줄 알리라."(요한복음 13:35)

"형제가 연합하여 동거함이
어찌 그리 선하고 아름다운고."(시편 133:1)

    화평은 내가 먼저 누릴 때, 그 평안이 공동체로 흘러갑니다. 내 안의 고요함이 이웃의 상처를 감싸는 그릇이 됩니다. 하지만 화평은 저절로 이루어지지 않습니다. 노력이 필요합니다. 능력이 필요합니다. 그리고 무엇보다 예수님을 깊이 아는 것이 필요합니다. 세상이 줄 수 없는 그 힘, 하나님과 화목하게 된 자만이 막힌 담을 헐고, 닫힌 마음을 여는 능력을 갖게 됩니다.
    화평은 '이름'이 아니라 영적인 체질입니다.
    먼저 낮아지고, 더 많이 포기하며, 내가 가진 고집과 불편한 계산들을 하나님 앞에 내려놓는 연습이 필요합니다. 그때 비로소 우리는 알게 됩니다. 우리가 누구인지, 우리는 더 이상 우리 자신만이 아닌, 하나님의 사람이라는 것을 말입니다. 화평을 누리는 사람은 자신 안에 먼저 평화를 품고, 그 평화를 세상으로 흘려보내는 사람입니다. 그는 다툼 대신 다가감을 택하고, 고립 대신 연대를 선택하며, 자기중심이 아닌 하나님 중심으로 관계를 정돈해 갑니다. 그러나 우리는 종종 화평하지 못합니다.
    생각이 다르다는 이유로 등을 돌리고, 입장이 다르다는 이유로 관계를 끊습니다. 그럴 때마다 하나님께서 주신 방법을 기억해야 합니다.

화평은 우리의 힘으로 만드는 것이 아니라, 하나님께 받아 누리는 선물입니다. 먼저 주 앞에 엎드려 찬양하고, 고요히 기도하며 내 마음의 물결부터 잠재우는 일이 화평의 시작입니다.

화평을 교육의 감정이 아니라 관계의 방향으로 이해합니다. 교사는 교실에서의 다름과 충돌을 감싸는 평화의 중보자가 되고, 학생은 친구와의 오해 앞에 먼저 사과할 줄 아는 용기 있는 사람이 되며, 부모는 자녀의 혼란스러운 마음에 고요한 품을 내어 주는 양육자가 되고, 공동체는 모든 갈등을 말씀과 은혜 안에서 다듬어 가는 화평의 구조가 되어야 합니다.

"화평은 단지 좋은 분위기가 아닙니다.
화평은 하나님 나라의 본질입니다."

의를 위한 핍박을 감내합니다
고난을 선택한 믿음, 주님과 함께 걷는 길

팔복의 마지막 자리는 복 중의 복이라 불러도 될 만큼 가장 뜨겁고 가장 선명한 삶의 고백을 담고 있습니다. 예수님께서는 말씀하셨습니다.

"의를 위하여 박해를 받은 자는 복이 있나니, 천국이 그들의 것임이라."
(마태복음 5:10)

이 복은 단순히 고난에 대한 위로가 아닙니다. 그리스도를 위하여 고난을 받아들이는 삶, 곧 자신의 믿음과 존재를 드러냄으로 인해 감수하게 되는 모든 손해와 불이익에 대한 하나님의 깊은 약속입니다. 이 '의'는 단순한 올바름이 아닙니다.

성경이 말하는 의는 하나님과의 바르고 온전한 관계 속에서 살아가는 삶의 방향이며, 그분 앞에서 자신을 숨기지 않고 서는 태도입니다. 그러므로 의를 위하여 박해를 받는 삶은 그저 억울한 상황에 견디는 것이 아니라, 하나님 앞에 충실하기 위해 세상의 조롱과 배제를 감내하는 용기 있는 선택입니다. 우리는 때때로 묻게 됩니다.

"지금 내가 겪는 이 갈등과 고통은 정말 의를 위한 것인가? 아니면 내 자존심과 명예, 혹은 나의 안위를 위한 몸부림인가?"

하나님은 중심을 보십니다. 의로움으로 인한 박해는 진짜를 증명하는 불꽃입니다. 어둠은 진리를 가만히 두지 않습니다.

빛이 들어오는 순간, 혼란과 분열이 찾아오고, 진실은 방해받고, 그리스도인은 외로워질 수 있습니다.

초대교회는 그런 박해 속에서 오히려 더욱 견고해졌습니다. 복음은 감옥 안에서도 자라났고, 신앙은 고난 속에서 더욱 빛났습니다. 지금 우리는 신앙의 자유 속에 살고 있습니다. 그러나 그 편안함이 우리의 믿음을 서서히 녹슬게 하고 있는 것은 아닌지 되돌아보게 됩니다.

하나님을 향한 의로움은 때로 고립을 낳습니다. 타협하지 않기에 미움을 사기도 합니다. 그러나 만약 우리가 그 길 위에서 조롱과 외면을 겪고 있다면, 오히려 감사해야 합니다. 그것은 우리가 예수님의 길 위에 있다는 증거이기 때문입니다. 물론, 고난의 순간은 결코 쉽지 않습니다. 때로는 기도가 막히고, 분노와 상처가 마음을 뒤흔들기도 합니다.

그럴수록 우리는 더 깊이 엎드려야 합니다.

두려워하지 말고, 하나님께 질문을 드려야 합니다.

"주님, 지금 제 중심은 어디에 있습니까?"

그리고 기도로, 침묵으로, 기다림으로 그 질문에 답해야 합니다. 우리에게는 혼자가 아님을 상기시켜 줄 하나님의 동역자들이 있습니다. 우리는 공동체입니다.

이 길 위에 서로를 향한 신뢰와 사랑, 하나님을 향한 동일한 시선이 살아 있다면 어떤 공격과 유혹도 우리를 무너뜨릴 수 없습니다.

오히려 더 단단히 붙들고, 더 하나 되게 할 것입니다. 혹 누군가 우리의 중심을 흔들기 위해 혼란과 오해, 분열을 꾀한다 할지라도 우리는 기억해야 합니다.

"하나님은 분열이 아닌, 연합을 통해 일하시는 분이십니다." 진리를 붙든 사람은 함께 울고, 함께 기도하며 결국 빛의 길로 나아갑니다.

월광기독학교는 '박해받는 의'를 단지 극단적인 신앙의 일부가 아니라, 아이들의 삶과 교사의 사명에 스며든 일상의 고백으로 보고 있습니다.

교사는 진리를 가르치되 흔들림 없이, 교육의 방향이 세상과 다를 때 담대히 설 수 있어야 합니다.

학생은 옳다고 믿는 것을 말할 수 있는 용기, 따돌림과 외로움을 겪더라도 사랑으로 품을 수 있는 내면의 힘을 길러야 합니다.

부모는 세상이 원하는 스펙보다 하나님의 뜻을 좇는 아이로 자라나기를 기도하며, 때로 그 선택의 대가도 함께 감당할 준비가 되어 있어야 합니다.

공동체는 박해 앞에서도 중심을 잃지 않는 '신앙의 무게'를 함께 나눌 수 있어야 합니다. 팔복의 마지막 복은 삶의 가장 깊은 자리에서 가장 낮게 엎드린 이들에게 주어지는 복입니다. 이 복은 세상의 인정을 받지 않아도 하늘의 미소를 받는 길입니다.

고난을 견디는 것이 아니라, 고난을 기꺼이 선택하는 믿음, 그 믿음을 품은 사람에게 예수님은 말씀하십니다.

"천국이 너희의 것이라."

이 복을 살아가는 이들이 결코 혼자가 아님을 기억합시다.

우리 곁에는 주님이 함께하시고, 이 길을 함께 걷는 공동체가 함께하고 있습니다.

제자로서의 사명
"오라" 하신 주님께서, 이제 "가라" 하십니다

예수님은 먼저 우리를 부르셨습니다.

"오라, 나를 따르라."

그 부르심은 단순한 초대가 아니었습니다. 존재 전체를 흔드는 강력한 부르심, 삶의 방향을 완전히 바꾸는 부르심이었습니다.

그렇게 우리는 주님의 음성에 순종하여 그분의 뒤를 따르는 제자가 되었습니다. 하지만, 그 부르심은 거기서 끝나지 않았습니다. 예수님은 다시 말씀하십니다.

"그러므로 너희는 가라. 모든 민족을 제자로 삼아…"(마태복음 28:19~20)

'오라'는 부르심이었다면, '가라'는 보내심입니다. 부르심에는 반드시 사명이 따라옵니다. 머무름으로 완성되는 제자는 없습니다.

예수님은 제자의 삶을 소금과 빛, 그리고 등불로 비유하셨습니다. 소금은 세상의 부패를 막고, 의미를 더하며, 생명을 지키는 존재입니다. 빛은 어둠 속에 길을 밝히고, 사람들이 걸어갈 수 있는 진리의 길을 보여 줍니다. 등불은 멀리서가 아니라, 가까이 있는 이들에게 먼저 따스함을 전하는 친밀한 사랑의 상징입니다. 이것은 축복의 말씀인 동시에 책임의 부르심입니다. 빛이면서 숨는 자는 이미 빛을 잃은 자입니다. 소금이면서 짠맛을 잃은 자는 존재의 목적을 잊은 자입니다.

우리의 부르심은 곧 세상 속에서 살아가는 복음 그 자체입니다. 그러므로 우리는 질문해야 합니다.

"주님은 왜 나를 부르셨는가?"

"왜 지금, 이 자리에서 살게 하셨는가?"

"왜 다시 세상으로 나아가라 명하시는가?"

이 질문 앞에 정직하게 서는 자, 그 물음에 기도로 응답하는 자만이 참된 그리스도인이라 할 수 있습니다. 제자란, 주님의 마음을 품고 세상 한복판에 심겨지는 사람입니다. 때로 그 길은 외롭고 험할 수 있습니다. 사방이 닫히고, 마음이 무너질 때도 있습니다. 그러나 주님은 약속하셨습니다.

"내가 세상 끝날까지 너희와 항상 함께 있으리라." (마태복음 28:20)

이 약속 하나로 우리는 다시 일어섭니다.

두려움을 넘고, 무력함을 넘어, 주님의 이름으로 세상 속으로 걸어 나아갑니다. 우리는 이제 흩어지는 사람입니다. 어두운 곳에 빛으로, 상한 곳에 소금으로, 차가운 사람 곁에 등불로 살아가는 그리스도의 사람입니다.

우리의 삶은 '팔복'을 가슴에 품고, '제자도'를 길 위에 새기며, 매일 세상 속으로 다시 보내지는 그분의 사람들입니다.

"오라" 하신 주님이 "가라" 하실 때, 그 부르심은 복음의 완성이 됩니다.

"이제 우리는
제자로서 살아가는 사람입니다."

"세상 끝날까지
그분과 함께, 서로와 함께."

2부

수업의 재구성

수업은 교실 안에서 시작되지만, 교실 밖에서 완성됩니다.

실천적 수업으로 재구성

수업의 재구성을 일부분 소개하며 학교 자체적으로 운영하는 프로그램을 소개합니다. 기독교인이 할 수 있는 기독수업의 재구성으로 국가의 교육과정을 재구성하여 공교육과의 호환성을 중심으로 편집이 되었으며 지속적으로 변하는 과정에 있습니다.

수업의 철학적 해석 → 실천적 수업으로(변환 예시)

말 씀	의를 위하여 핍박받는 자
해 석	진짜를 지키기 위한 고난을 감내함
실천과제(수업변화)	자기 성찰형 과제
가. 내가 지켜야 할 진리는 무엇인가?	
나. 역사, 문학, 기독교 세계관 융합 수업	

말 씀	제자의 사명(소금과 빛)
해 석	존재론적 정체성, 공동체 내 영향력
실천과제(수업변화)	역할 기반 프로젝트
가. 내가 속한 공동체에서 어떤 빛을 비추고 있는가?	
나. 리더십 & 협업 중심 활동	

항목	기존 수업 구조	변화된 수업 구조
목적	지식 전달	존재를 일깨우는 만남
평가	정답 중심, 시험 위주	삶의 변화 중심, 포트폴리오 기반
교수법	교사 중심, 일방적 설명	학생 주도, 공동 탐구형 활동
내용 접근	교과 개념 위주	가치 중심, 삶과 연결된 주제 통합
분위기	경쟁과 관리 중심	공감과 회복 중심의 공동체

수업 변화의 필요성

우리는 지금,

지식 그 자체보다 '선택'과 '속도'에 집착하는 시대를 살아가고 있습니다. 더 많이, 더 빨리, 더 쉽게 도달할 수 있는 정보 속에서 아이들은 방향을 잃고, 배움은 더 이상 호기심이 아니라 피로가 되어 버렸습니다. 수업을 열고, 열정을 다해 이야기를 꺼내도 아이들은 조용히 묻습니다.

"그건 나랑 무슨 상관이죠?"

이 질문은 단순한 반항이 아닙니다. 그것은 배움의 의미가 끊어진 자리에서 흘러나오는 정직한 탄식입니다. 이야기되지 않은 지식, 삶과 무관한 문제, 연결되지 않은 관계 속에서 배움은 더 이상 뿌리내리지 않습니다. 그래서 우리는 다시 물어야 합니다.

"이 아이들은 왜 배워야 하는가?"

"무엇을 위해 살아가는가?"

그리고

"우리는 교사로서, 어떻게 이 배움의 장에서

아이들을 회복의 자리로 이끌 수 있는가?"

수업은 더 이상 내용을 전달하는 도구가 되어서는 안 됩니다.

수업은 존재를 만나는 시간,
사람을 회복하는 자리가 되어야 합니다.
이제, 우리는 다음과 같은 수업을 지향합니다.
지식을 가르치기보다, 삶과 연결되는 앎을 제안하는 수업.
문제를 푸는 기술보다, 질문할 수 있는 존재로 서게 하는 수업.

교사 혼자 이끄는 강의가 아니라, 학생과 함께 호흡하고 참여하는 배움의 여정. 수업이 바뀌어야 아이가 살아납니다. 아이를 살리고자 한다면, 우리는 수업부터 회복해야 합니다.

이제 내용이 아니라, 존재를 중심에 두는 수업을 시작해야 합니다. 그 변화가 우리 교육의 가장 첫 번째 사랑이어야 합니다.

교육과정 속 수업 변화의 기반

2025학년도부터 적용되는 2022 개정 교육과정은 학교에게 다시 한번 자율성과 창의성의 방향을 제시하고 있습니다.

그중 하나가 바로 '학교 자율시간'입니다.

이는 단지 시간을 재배분하는 행정이 아니라, 학교 철학에 따라 수업을 재구성할 수 있는 구조적 여지를 열어 주는 장치입니다. 월광기독학교는 이 시간을 단순한 편성의 여유로 보지 않습니다. 오히려 이 시간을 교육과정의 본질을 회복하는 실천의 통로로 삼고자 합니다.

이에 따라 중등 7~9학년을 대상으로 한 융합형 수업을 시범적으로 기획하고 운영합니다. 이 수업은 교과의 경계를 넘어서, 의미 중심의 배움, 존재 중심의 질문, 삶 중심의 실천이 일어나는 교육을 지향합니다. 이번 융합 수업의 중심에는 다음과 같은 방향이 놓여 있습니다.

단순한 지식의 전달을 넘어서기

교과서 중심이 아니라 삶의 흐름 속에서 지식을 바라보는 관점을 확장합니다.

삶을 통합적으로 이해하고 실천하기

이론과 사실의 나열이 아닌, 학생 자신의 이야기로 재구성되는 앎을 지향합니다.

공동체 속에서의 '자기 인식'과 '타자 이해' 실현하기

나를 알되 고립되지 않고, 너를 알되 판단하지 않는 공감의 배움 구조를 설계합니다.

실존적 선택의 경험을 수업 안에 담기

정답을 찾는 공부가 아니라 삶을 선택하고 책임지는 연습이 되도록 수업을 구성합니다.

이 융합형 수업은 프로젝트 중심으로 진행됩니다. 한 단원의 끝은 단순한 결과물이 아니라, 삶의 태도와 존재에 대한 사유, 그리고 관계 안에서 함께 성장해 가는 경험이 되어야 합니다.

이러한 실천은 월광기독학교의 철학인 삼애 정신(하나님 사랑, 자기 사랑, 이웃 사랑)의 교육과정적 해석이기도 합니다. 교육과정은 단지 국가가 정한 틀이 아니라, 우리의 철학을 수업으로 번역해 내는 언어여야 합니다.

그 철학을 실현하는 가장 생생한 언어가 바로 '수업'입니다. 이제 우리는 질문합니다.

"아이들이 살아 내는 삶과 교과서 속 지식은 어떻게 연결되어야 하는가?"

"수업은 어떻게 사람을 회복하는 자리가 될 수 있는가?"

"우리는 교육과정을 어떻게 신앙 안에서 새롭게 해석할 것인가?"

이 질문을 붙들고, 2025학년도 수업의 방향을 의미로, 존재로, 사랑으로 열어 가고자 합니다.

학년별 주제와 설계 방향

항목	7학년	8학년	9학년
주제	너를 통해 배우는 나, 나를 통해 배우는 우리	나, 너, 소중한 우리	선택하는 나, 선택하는 우리
의미	타자와의 만남 속에서 '나'를 이해하는 과정	다름을 인정하고 공동체를 존중하는 감수성 키우기	책임 있는 선택, 가치 있는 삶의 방향 찾기
기대 변화	자존감 회복, 관계의 의미 발견	배려 중심의 협업, 갈등 조정 훈련	존재 기반의 정체성 확립, 미래 설계 동기 강화

향후 운영 및 발전 방향
아이들의 삶을 향해, 수업을 다시 디자인합니다

앞으로의 수업 운영은 단지 형식을 바꾸는 데 그치지 않습니다. 우리는 교육의 본질과 철학을 회복하는 방향으로 나아가고자 합니다. 교과 간 연계를 강화하여 하나의 주제 안에서 다양한 앎과 경험이 만나는 융합형 프로젝트 수업을 정착시켜 나갑니다.

수업 안에서 아이들이 자신을 돌아보고, 타인을 이해하며, 갈등을 조율하는 관계 능력을 기를 수 있도록 회복적 생활교육과 연계한 '관계 기반 수업 모델'을 시도합니다.

평가 또한 바뀌어야 합니다. 단편적인 지필 평가가 아닌, 포트폴리오, 자기성찰, 협력기반 평가를 통해 배움의 전 과정을 담아내는 방식으로 전환합니다. 운영은 한 번의 시도로 끝나지 않습니다.

학기별 운영 보고와 정기적인 개선 회의를 통해 끊임없이 피드백하고, 수업을 성찰하며, 함께 자라나는 구조를 만들어 갑니다. 우리는 단지 수업을 바꾸려는 것이 아닙니다. 아이들의 삶을 다시 살려 내려는 일입니다.

그 삶이

다시 관계를 품고,

다시 공동체를 느끼며,

다시 스스로를 사랑하고,

다시 하나님을 바라보는 존재의 자리로 이끌려야 합니다.

그 배움 속에 단지 지식이 아니라, 소명이 깃들고, 그 수업의 끝자락에서 우리는 다시 빛과 소금의 삶을 살아가는 제자들을 만나게 될 것입니다.

이것이 우리가 교육을 다시 사랑이라 부르며, 수업을 다시 존재의 언어로 디자인하는 이유입니다.

1. 7학년

단원		수업 세부 활동 내용	담당 교과	수업 시수
1. 나의 이야기	(1)	워드 클라우드를 활용한 나를 표현하는 영어 단어 소개	영어	1
	(2)	내가 태어난 시대의 사회·역사적 배경 다룬 통일성 있는 글쓰기	사회, 국어	3
	(3)	상황에 따라 달라지는 '나'라는 존재 - 물의 상태변화 과학 실험	과학	2
	(4)	육십갑자 및 MBTI를 통해 '나'를 발견하기	수학, 종교	1
2. 너의 세계	(1)	꿀벌의 수학	수학	1
	(2)	객관화를 통한 주 안에서의 자존감 회복	종교	2
	(3)	'너'를 이해를 주제로 한 작품을 읽고 인물 관계도 그리기	국어	2
	(4)	짝을 지어 정리함 만들기	기술가정	2
3. 너를 통한 나의 발견	(1)	치유약방	국어, 종교	2
	(2)	온도 및 압력에 따른 기체 변화 활동을 통한 대화의 중요성 이해	과학	1
	(3)	체크숫자는 안전장치	수학	1
	(4)	세계 속의 나 인식하기 - 난민교육	사회	3
4. 너와 나의 새로운 경험	(1)	건축 속의 수학	수학, 미술	1
	(2)	학년가 제작	음악, 국어	2
	(3)	A Taste of Home with a Twist	영어	2
	(4)	수학적인 창의력과 문장 해석능력	수학, 국어	1
5. 함께 쓰는 새로운 이야기	(1)	새로 창출된 학생 공간 이름 짓기 및 알림판 제작	미술, 국어	1
	(2)	세계 시민 교육	사회, 영어	2
	(3)	방향제 만들기	과학	2
	(4)	'나'와 '너'를 주제로 한 치어리딩 표현활동	체육	2
				34

2. 8학년

단원		수업 세부 활동 내용	담당 교과	수업 시수
1. 소중한 나	(1)	1. Listening & Speaking - 좋지 않은 감정을 느끼게 된 원인 묻기 - 고민을 해결할 방법 제안하기 2. 감정을 나타내는 형용사 알아보기 - with 음악교과: 코드를 통한 감정 표현하기	영어 음악	2
	(2)	책 속에 드러난 인물 탐구 - 개개인의 성격, 배경을 알아 가면서 자신을 알아 가는 시간	국어	2
	(3)	유일신을 믿어야 하는 이유/ 유일신을 찾는 과정	역사	2
	(4)	나의 시작 - 탄생의 신비(영상 보기)	과학	2
	(5)	1. 정자와 난자가 만날 확률 혈액형이 나올 확률 2. 부모님의 신체 사이즈 조사해 오기 (손 크기 그려오거나 사진 찍어 오기 맞대고) 얼굴 맞대고 찍기 - 닮음 개념 도입	수학	2
2. 소중한 너	(1)	1. Reading-Voice in Our Mind 2. Activity - 본문 Day1 ~ 3 나누어 모둠별 연극	영어	2
	(2)	주인공과 얽혀 있는 사람들의 특성을 알아 감. 나 자신이 아닌 상대방의 감정과 특성을 알아 가는 단계	국어	2
	(3)	다신교/ 황제/ 카톨릭을 강조했던 이유	역사	2
	(4)	이목구비가 닮음. 건축물 탄탄한 구조가 되는 것처럼 서로가 의지하고 합쳐져야 합니다. 토레스 구조(황금비율)	수학	2
	(5)	뇌의 구조(서로가 생각하는 게 다르다는 생각) 활동 구상	과학	2
	(6)	1. 복식호흡의 원리를 이해하기 2. 복식호흡과 두성공명으로 노래하기	음악	2
3. 소중한 우리	(1)	1. Writing&Speaking - Grammar: 현재완료, 목적격 관계 대명사 2. Activity - 라디오 방송의 고민 상담 코너 진행(고민팀, 상담팀)	영어	2
	(2)	1. 현재 우리가 어떤 상황이 있고 이 안에서 어떤 사건들이 발생하고 있는지, 이 안에서의 편안함이 무엇인지. (월광 공동체 안에서 난 어떠한 존재인지 파악) 2. 토론(처음 문제를 가지고 해결해 나가는) 독서기록/ 토론지/영상촬영을 통한 기록물 남기기	국어	2
	(3)	이것을 벗어나 기독교로 하나의 믿음으로 나아가는 과정	역사	2
	(4)	우리가 월광기독학교에서 만난 확률 - 광주 중학교 / 전남 중학교	수학	2
	(5)	통합적인 인체 모형(호흡계, 순환계, 배설계)	과학	2
	(6)	1. '너에게 난, 나에게 넌'을 분석 2. 중창 또는 합창으로 부르기	음악	2
				34

3. 9학년

단원			수업 세부 활동 내용	담당 교과	수업 시수
Ⅰ. 꿈과 삶을 그리다	1. 대상과 진로에 대한 관점 이해	(1)	영어: 가짜뉴스 비판적 읽기	영어	1
		(2)	사회: 우생학을 바라보는 관점 차이 - 자연과학	과학	1
		(3)	과학: 우생학을 바라보는 관점 차이 - 사회과학	역사	1
			국어: 비교하며 읽기	국어	1
		(4)	수학: 미술작품을 감상할 때 어느 위치에서 보는 게 좋을까?	수학	1
		(5)	음악: 같은 작품을 바라보는 감상 관점의 차이	음악	1
		(6)	기독교 세계관: 제자인가, 팬인가? (진로를 바라볼 때 예수님은 나의 수단인가 목적인가?)	기독교 세계관	1
	2. 고교 학점제 이해	(1)	교과별 고교 학점제 소개 및 과목 안내 - 개관	수학	1
		(2)	교과별 고교 학점제 소개 및 과목 안내 - 국어	국어	1
			교과별 고교 학점제 소개 및 과목 안내 - 수학	수학	
		(3)	교과별 고교 학점제 소개 및 과목 안내 - 영어	영어	1
			교과별 고교 학점제 소개 및 과목 안내 - 사회	역사	
		(4)	교과별 고교 학점제 소개 및 과목 안내 - 과학	과학	1
		(5)	교과별 고교 학점제 소개 및 과목 안내 - 예체능	체육 음악	1
Ⅱ. 함께 살아가다 (2)		(1)	함평 알아 가기 1 - 함평 지역 사회 역사 인물(김철) 선생님을 주제 삼아, 국권 피탈기의 삶을 살아간다면 독립운동가 or 친일 or 방관자 중 어떤 삶을 살아갈 것인가? - 결과물: 보고서(게시용)	역사	2
			함평 알아 가기 2 - 함평 인물 혹은 장소를 주제 삼아 소설 창작하기.(최oo, 함평 문학사(고전문학, 현대문학) 2022 함평 문인협회 참고 결과물: 보고서	국어	2
		(2)	공동체 역량 모둠활동 1 - 긍정적 선택 (선택은 자유, 기쁨은 무제한) (예 : 새마을 운동, 슈바이쳐, 선교사의 삶 등) - 부정적 선택 (괴물은 어떻게 만들어지는가) (예 : 히틀러-홀로코스트, 일본 전범들과 연계한 수업, 일본 역사 교과서 파헤치기 등) - 결과물: 보고서	사회 영어 과학	2 2

Ⅲ. 세상을 품다	(1)	하나님의 선물 확인 소명과 달란트	기독교 세계관	1
	(2)	또 다른 나와 만나기(롤모델 탐구)	미술	1
		- 내 롤모델과 나를 같이 그리기 (미술 연계) - 롤모델의 활동상 탐구 (사회) - 롤모델의 활동상을 영어로 발표하기 (영어) - 결과물: 포스터	역사	1
			영어	2
	(3)	나만의 브랜드 만들기 - 나의 미래 인생 그래프 or 명함 만들기 - 결과물: 우드락(게시용)	영어	2
			수학	2
	(4)	직업 설계하기	국어	2
		- 가상 직업 일일 체험 영상 제작 & 유튜브 업 - 영상 제작 과정에서 자료 수집, 멘토 상담, 시놉시스 구성 등의 활동을 모두 수행함. - 결과물: 스케치 영상	영어	2
마무리		전체 융합 활동에 대한 피드백 및 소감문 작성	수학	1
				34

꿈과 삶을 그리다: 융합 수업 이야기

우리는 교실에서 꿈을 묻습니다.

그리고 삶을 살아냅니다.

『꿈과 삶을 그리다』는 융합 수업 이야기입니다.

지식의 경계를 허물고, 교과의 벽을 넘으며, 아이들의 삶과 맞닿는 수업을 만들기 위한 여정이었습니다.

이 단원은 '나-너-우리', '나, 너, 소중한 우리', '선택하는 나, 선택하는 우리'라는 주제로 7학년, 8학년, 9학년 세 학년에 걸쳐 펼쳐졌습니다.

7학년: 너를 통해 배우는 나, 나를 통해 배우는 우리 첫 시작은 관계였습니다. 국어로는 시를 쓰고, 과학으로는 자신의 체온을 측정하며, 영어로는 자기소개 영상을 만들고, 기독교 세계관 수업으로는 나를 지으신 하나님을 묵상했습니다.

친구를 인터뷰하고, 가정에서 부모의 하루를 따라 써 보며, '너'를 통해 '나'를 발견하는 과정이었습니다.

8학년: 나, 너, 소중한 우리공동체의 갈등과 회복, 다양성과 존중의 이야기를 담았습니다. 수학으로는 다양한 통계 자료를 해석하고, 역사에서는 인권과 자유에 관한 논쟁을 펼쳤고, 체육으로는 협력 게

임을 통해 몸으로 갈등을 느끼고 풀어 보았습니다.

9학년: 선택하는 나, 선택하는 우리 진로와 정체성, 그리고 책임에 대한 단원입니다.

음악 시간에는 '나의 인생 노래'를 만들고, 영어로는 나의 비전 발표문을 작성하며, 과학으로는 열정과 집중의 뇌과학을 다뤘습니다.

사회와 기독교에서는 '공공선'과 '소명'을 주제로 토론했습니다. 수업은 단순한 프로젝트가 아니라, 하나의 삶의 조각이었습니다. 각 교과는 따로였지만, 하나의 주제 아래에서 아이들의 삶과 만났습니다.

결과물은 포스터, 영상, 에세이, 발표문 등 다양했지만, 그보다 더 귀한 것은 그 속에서 '나'와 '너', '우리'를 경험한 일이었습니다.

이 수업은 아직도 진행 중입니다. 그리고 앞으로도 계속될 것입니다.

왜냐하면,

꿈은 배움에서 자라고,

삶은 사랑 속에서 자라기 때문입니다.

회복적 수업을 위한 사전 마음가짐

1. 상처받은 교사로 존재하기

회복은 완벽한 사람이 아니라 깨진 사람으로부터 시작됩니다. 내가 먼저 연약함을 인정하고, 내가 먼저 상처 입었다고 말할 수 있을 때 아이들은 그 앞에서 두려움을 내려놓습니다.

"나는 완전하지 않지만, 너를 위해 계속 배우는 사람이야."

2. 판단하지 않는 눈으로 보기

회복의 씨앗은 비난 없는 시선 속에서 움틉니다. 아이의 거친 말, 무표정한 얼굴, 침묵 뒤의 분노조차 그 안에 감춰진 두려움과 외로움을 보려는 눈이 필요합니다.

"왜 그랬니?"보다 먼저, "어떤 마음이었니?"를 묻는 교사.

3. 기다리는 용기

회복은 단번에 일어나지 않습니다. 시간을 요구합니다. 교사는 속도보다 방향을 믿는 사람이어야 합니다. 마음의 변화는 느리지만, 가장 깊은 배움은 그 안에 있습니다.

"오늘 당장 변화가 없더라도, 나는 계속 그 자리에 서 있겠다."

4. 자기 성찰을 멈추지 않기

회복적 수업은 아이의 문제가 아니라 교사의 언어, 눈빛, 숨결 하나하나를 돌아보는 데서 시작됩니다. 날마다 스스로를 점검하며 "나는 회복의 사람이었는가?"를 물어야 합니다.

"내 수업이 하나님의 마음과 닿아 있었는가?"

5. 기도하는 마음으로 교실에 들어가기

회복은 인간의 힘으로 이루어지지 않습니다. 샬롬은 하나님이 주시는 선물입니다. 교사는 하루를 시작하며 아이 한 명 한 명의 이름을 불러 기도하는 사람이어야 합니다.

"오늘도 이 아이의 마음에 주님이 들어가시길."

6. '말씀'이 아닌 '사람'을 먼저 기억하기

수업은 메시지를 전달하는 자리가 아니라 사람을 사랑하는 자리입니다. 하나님의 말씀을 전하기 전에, 그 말씀이 먼저 내 눈물과 표정 속에서 살아나야 합니다.

"말이 아니라 삶으로 복음을 전하는 수업." 이 모든 마음가짐은 교사의 외적 역량이 아니라, 내면의 질서와 기도의 호흡으로 만들어집니다.

회복적 수업은 '마음을 다한 교육'입니다.
그 중심에 서는 교사는 결국, 말씀과 성령으로 살아 있는 사람이어야 합니다.

우리는 수업을 통해 회복할 수 있을까

수업은 존재를 만나는 공간입니다.
깨어진 채 교실로 들어오는 아이들.
상처 입은 교사로서 마주하는 나.
여기서부터 회복이 시작됩니다.
그러나 회복은 기다림만으로 이루어지지 않습니다.
회복은 철학이자 기술이며,
삶과 수업을 일치시키는 용기 있는 선택입니다.

1. 회복의 언어: "들어주는 힘"

말하지 못한 말에 귀 기울이는 것이 회복의 첫걸음입니다.
수업 안에 침묵의 틈을 의도적으로 넣습니다.
아이들의 말이 끝나기 전까지, 절대 말을 덧붙이지 않습니다.
교사의 말보다 아이들의 말이 더 많이 울리는 수업.
그곳에 상처 난 감정이 머물 수 있는 여백이 생깁니다.

실천기술	'3초 멈춤 대기법'
질문 전략	"이 말이 너에겐 어떤 느낌이었어?"
	"네가 느낀 건 무엇이었어?"

2. 회복의 자리: '공감 서클' 운영하기

모둠이나 전체가 원형을 이루는 방식.

한 사람씩 돌아가며 말할 수 있는 기회를 가집니다.

말하지 않아도 괜찮은 자유, 그러나 말하는 이를 방해받지 않는 존중의 규칙이 서 있습니다.

도구	감정 카드, 공감 스피커(돌려 가며 말하는 도구)
활용	수업 전후에 간단한 감정 나눔 → 주제 연결
예	"오늘 이 주제를 들었을 때 너의 기분은?"
	"내 삶에 이런 경험이 있었어"

3. 회복적 평가: 정답이 아니라 이해로 평가하기

기존의 '정오 판단' 중심 평가에서 벗어나, 아이들의 성장 맥락과 의미 탐색의 흔적을 살펴보는 평가로 전환합니다. 실패와 오답도 회복의 증거로 본다면, 수업은 '이기는 자리가 아닌, 걸어가는 자리'가 됩니다.

도구	학습저널, 감정일기, 서술형 피드백
실천 전략	한 달에 한 번 '나의 배움 돌아보기' 시간을 갖는다.
예	"이번 달, 나의 태도에서 회복된 부분은?"
	"이제는 용서할 수 있었던 순간은?"

4. 회복의 공동체: 신뢰 재건 프로젝트

수업 시간 안에 '작은 공동체 회복 과제'를 넣습니다. 예를 들어, 과학 실험을 할 때 실험의 성공보다도 '함께 존중하며 실험을 완수한 경험'을 더 큰 목표로 둡니다. 역사 프로젝트, 체육 경기, 음악 연주, 성경 속 인물 역할극 등 모든 활동은 신뢰를 회복하는 이야기로 엮일 수 있습니다.

실천 예

역사	'용서가 필요한 순간' 역할극 만들기
과학	'실패 실험 속의 새로운 배움' 나누기
기독교	성경 속 화해 장면 재구성하기
체육	'질 때도 아름다운 경기' 만들기
음악	'우리의 소리로 만든 위로곡' 합주 프로젝트
마무리	믿음의 회복, 교육의 회복

회복적 수업은 완성형이 아닙니다.

매 수업마다 깨어짐과 회복 사이를 걷는 순례입니다. 그 걸음 속에서 우리 모두는 하나님의 샬롬(평화)을 향해 걸어갑니다. 회복은 끝이 아닌 시작입니다.

그리고 교육은, 그 회복의 첫 장소가 될 수 있습니다.

지식 기반이 아닌, 참여 중심 수업 구성

"수업이란, 학생이 교과서를 넘기는 것이 아니라
교과서가 학생의 삶을 넘기는 순간이어야 한다."
왜 참여 중심 수업인가?
지식은 쌓이지만, 삶은 비워질 수 있다. 단순 지식 전달 수업은 암기를 남기고 성찰을 잃습니다. 회복적 수업은 지식이 삶으로 흘러가는 구조를 만들어야 합니다. 참여는 존재를 부릅니다. 수업에 참여할 때 아이는 '지식의 객체'가 아니라 '존재의 주체'가 됩니다.
참여는 곧 자기 이야기를 시작하는 길입니다.

참여 중심 수업의 네 가지 원리는 다음과 같습니다.

1. '나'에서 시작하기(개인화)

지식보다 먼저, 학생 자신의 경험과 삶에서 출발합니다.
과학: "네가 가장 궁금해한 자연현상은 뭐였니?"
역사: "이 시기를 살았다면 너는 어떤 선택을 했을까?"
영어: "이 단어를 네 삶에 적용하면 어떤 장면이 떠오르니?"
지식이 삶에 닿는 첫 마디를 만들어 줍니다.

2. '함께' 배우기(공동체화)

모둠, 토의, 서클, 쌍방향 발표 등
학습자들끼리 서로의 생각을 듣고 엮습니다.
지식은 '혼자'보다 '함께'할 때 더욱 살아납니다.
체육: "너의 실수를 감싸 주는 팀워크 만들기"
음악: "한 명씩 목소리를 겹쳐 만든 위로곡"
역사: "가상의 공동체를 구성하고 역할극으로 의견 조율하기"
관계 속에서 배우는 수업은 곧 회복의 장이 됩니다.

3. '몸'으로 배우기(체험화)

머리만 쓰지 않고, 몸과 감각으로 학습합니다.
과학: 교실 밖 햇빛의 색을 탐색하며 '가시광선' 느끼기
기독교 세계관: 팔복을 거리에서 살아 내는 프로젝트
국어: 시나 이야기를 듣고, 직접 '말 없는 연극'으로 표현하기
몸의 기억은 가장 오래 남는 배움입니다.

4. '질문'으로 끝맺기(성찰화)

정답이 아닌 의문을 남기고 끝맺습니다.
수업의 마침은 또 다른 삶의 시작이어야 하기에
질문이 다음 수업을 불러야 합니다.
"이 배움을 너는 어디에 써먹고 싶니?"
"이제 너의 이야기는 어디로 향하니?"
"지금 너는 어떤 마음으로 이 수업을 떠나니?"

정답보다 정직한 질문이 회복의 불씨가 됩니다.

수업은 '참여의 신학'입니다.
회복적 수업은 교사의 '잘 가르침'이 아니라, 학생의 '깊은 참여'로 완성됩니다. 아이들이 수업 안에서 나도 소중하다, 내 이야기도 의미 있다는 믿음을 가질 때, 그곳이 회복의 자리이자, 진짜 교육이 시작되는 시공간입니다.

사용되는 다양한 수업 예시

1. 말하지 않아도, 들으려는 수업(침묵의 감정일기)

"선생님, 말은 못 하겠어요. 근데… 써 볼게요."

도입	오늘 하루 나를 한 단어로 표현해 보기
활동	'감정일기장'에 쓰는 하루의 이야기 (분노, 외로움, 무기력, 혹은 이유 모를 두려움)
나눔	익명으로 엽서에 적은 내용을 교사가 읽어 줌 (학생들은 누구 것이든 공감하며 조용히 눈을 맞춤)
효과	감정 표현의 안전한 장치 제공
	교사와 학생, 학생과 학생 사이의 눈에 보이지 않는 회복
	말이 아닌 글로, 침묵이 아닌 울림으로 다시 세우는 수업

2. 실패를 기념하는 수업(Again 박람회)

"실패한 적 없던 사람이 없는데,
왜 우린 성공한 이야기만 해야 하나요?"

도입	각자 겪었던 실패 경험 적기
활동	실패 이유, 당시 감정, 극복 과정 등을 카드에 기록
나눔	교실 한편에 '실패 전시 공간' 조성
	실패와 용기를 함께 붙인 포스터, 편지글, 사진 전시
	'나도 그랬어'라고 쓰는 피드백 메모 공유

효과	실패의 무게를 나누며 자기 수용 가능
	공동체적 회복과 수업 분위기 전환
	실패를 숨기지 않고, 빛나게 전시하는 교실

3. 질문이 주인공인 수업(질문으로만 구성된 수업)

"선생님, 답 말고 질문만 써도 돼요?"

도입	"너무나 당연해 보이는 사실들"에 의문 갖기
활동	하나의 개념을 둘러싼 질문 목록 만들기
예	'물은 왜 100도에서 끓을까?'
	'모든 생명은 서로 연결되어 있다는 건 어떤 뜻일까?'
나눔	각자의 질문을 두고 미니 토론 → 주제 재설정
효과	지식 습득에서 벗어나 탐구 중심 수업으로 전환
	학생들의 철학적·존재론적 사고를 이끄는 장
	정답보다 정직한 질문이 교육을 다시 세움

4. 잊혀진 이름을 불러주는 수업(이름 수업)

"내 이름이 이렇게 소중하게 불린 건 처음이에요."

도입	자신의 이름이 가진 의미, 유래 조사
활동	각자 이름에 얽힌 가족 이야기, 성장의 순간 나누기
나눔	친구의 이름을 짓는다면? → 서로에 대한 시 쓰기
효과	자아 정체성 확립 및 공동체 내 존중 문화 확산
	이름을 부름으로 존재를 불러내는 회복적 교육
	아이들은 숫자가 아닌 '이름'으로 존재할 때 비로소 배움

5. 교실 밖에서 배우는 수업(길 위의 교육)

"오늘은 학교 안에서 수업 안 해요. 마을로 나갑니다."

도입	마을 속 장소(시장, 교회, 공원 등)에서 배울 수 있는 주제 정하기
활동	현장 조사, 인터뷰, 체험학습, 관찰 리포트 작성
나눔	수업 후 마을 사람들에게 편지 쓰기, 교내 전시
효과	학교를 넘어선 삶과의 연결
	학생 주도의 자발성과 현실감 있는 학습 경험
	교실 밖의 세상에서 '참된 배움'이 살아남
마무리	수업은 다시 세우는 일입니다.

수업은 단지 내용을 전달하는 도구가 아니라, 존재를 회복시키는 사건이어야 합니다.

이 땅의 교실은 오랫동안 무너졌지만, 그 안에서 '작은 불씨'처럼 피어난 수업 하나하나가 이 교육 현실을 다시 세워 가는 예언자의 행위입니다. 수업이 아이의 삶을 어루만질 때, 한국 교육도 다시 일어납니다.

함께 하는 배움, 예수님의 방식으로

수업이란 무엇일까?

지식을 나누는 일일까, 아니면 아이들을 한 줄로 세우는 일일까? 교실을 거룩한 식탁처럼 생각도 해 봅니다. 예수님께서 그러하셨듯, 모든 이에게 자리를 내어 주시고, 말보다 눈빛으로, 지식보다 손끝으로, 존재를 어루만지는 시간이 되기를 바랍니다. 그분은 언제나 몸을 먼저 돌보셨습니다. 오병이어의 기적 속에서, 먼 길을 걸어 지친 무리를 앞에 두고 예수님은 먼저 "먹을 것을 주라" 하셨습니다. 배움은 굶주린 마음 위에 세울 수 없습니다. 아이들의 눈을 보면 알 수 있습니다. 잠을 자지 못한 얼굴, 싸늘한 손끝, 혹은 말없이 가라앉은 눈동자. 이 모든 것을 살피고 나서야, 비로소 수업은 시작될 수 있습니다. 수업은 관계를 담는 그릇이지, 내용을 담는 상자가 아닙니다.

또, 예수님은 자주 질문하셨습니다. 그 질문은 누군가를 시험하기 위함이 아니라, 그의 내면을 두드리고, 스스로 답을 찾게 하는 길이었습니다.

"너는 나를 누구라 하느냐."

그 물음 앞에 제자들은 흔들렸고, 그 흔들림은 곧, 믿음이 되었습니다. 아이들과의 수업에서도 마찬가지입니다. 정답을 묻는 대신,

"너는 어떻게 생각해?" "그건 네 삶과 어떤 관련이 있을까?"라고 묻는 순간, 그들의 시선이 살아납니다. 그때 수업은 '가르침'이 아니라 '만남'이 됩니다.

그리고 예수님은, 많은 시간을 걷고 식사하는 일에 쓰셨습니다. 말씀을 전하러 가기 전에, 먼저 함께 걷고, 함께 먹고, 함께 울었습니다.

엠마오로 가는 두 제자와의 동행 속에서도 예수님은 조용히 이야기를 들으시고, 빵을 떼어 주시는 순간에야 자신을 드러내셨습니다. 그 장면은 늘 나의 교육을 되묻게 합니다. 아이와 함께 걷는다는 것, 단지 교실 안에서가 아니라, 복도, 운동장, 마을의 거리에서 삶의 언저리를 같이 나누는 그 시간이 진짜 교육의 본질 아닐까?

가장 마음을 울리는 장면은, 죄지은 여인을 대하신 예수님의 태도였습니다. 사람들은 돌을 들고 있었고, 율법은 정죄를 말하고 있었지만 예수님은 침묵으로 그녀를 감싸셨습니다.

"죄 없는 자가 먼저 돌을 던져라."

그리고 조용히 일어나라 하셨습니다. 그 눈빛에는 비난이 없었고, 그 말에는 회복의 힘이 있었습니다.

나는 교사로서 몇 번이나, 수업을 멈추고 아이를 앉히고, 그 아이의 조각난 마음을 바라보며 "괜찮아, 다시 시작하면 돼."라고 말했던가? 그 순간이야말로 진짜 수업이었다고 믿습니다.

무엇보다 저를 울리는 것은, 예수께서 어린아이를 가운데 세우셨던 장면입니다.

"이 아이와 같지 않으면 천국에 들어갈 수 없다."

그 말은 단지 아이를 사랑하라는 뜻이 아닙니다. 작은 자, 약한 자,

조용한 자를 중심에 두라는 명령입니다. 말이 빠르고 손을 잘 드는 아이만이 아닌, 늘 뒤에 앉아 있는 아이, 마음을 표현하지 못하는 아이, 세상이 잊은 아이들을 수업의 중심에 놓을 때, 그제야 교실은 '하나님의 나라'가 됩니다.

   수업은 복음입니다.

   그날 예수님이 걸으신 길을 따라 한 사람의 마음을 듣고, 한 아이의 상처를 알아보고, 모두가 중심이 되는 자리로 불러내는 일.

   그것이 제가 꿈꾸는 회복적 수업입니다.

   그것이 예수님의 방식입니다.

월광기독학교 영어 페스티벌:
교육의 깊이를 더하다

월광기독학교의 영어 페스티벌은 단순히 영어를 배우는 자리를 넘어서, 학생들의 내면적인 성숙과 하나님의 가르침을 반영한 영어 학습을 목표로 하는 특별한 교육의 장입니다. 외부에서 흔히 볼 수 있는 영어 교육 행사가 언어 능력 향상에만 초점을 맞춘다면, 월광기독학교의 영어 페스티벌은 영어를 통해 삶의 의미를 찾고, 그 속에서 하나님께서 주시는 지혜와 사랑을 실천하는 방향을 제시합니다.

영어 학습의 틀을 넘어서, 삶의 가치를 배우는 장이 페스티벌은 단순히 영어 능력 향상에 그치지 않고, 학생들의 세계관을 확장하는 중요한 교육적 기회를 제공합니다. 월광기독학교는 기독교 세계관을 바탕으로 한 교육 철학을 중시하며, 학생들이 영어를 배우는 과정 속에서 하나님의 뜻을 실천할 수 있도록 돕고 있습니다. 예를 들어, 학생들은 영어로 성경의 가르침을 나누고, 이웃 사랑을 실천하는 방법을 배우며, 자신이 배우는 언어가 자신의 삶과 타인의 삶을 변화시킬 수 있는 도구가 된다는 것을 깨닫게 됩니다.

언어를 넘어, 관계를 배우다

또한, 월광기독학교의 영어 페스티벌은 학생들이 언어를 통한 관계

형성에 중요한 가치를 둡니다. 학생들은 영어를 통해 다양한 사람들과의 소통 능력을 키우고, 문화와 사람에 대한 이해를 넓혀 갑니다. 이를 통해 학생들은 타인을 존중하고, 공동체 의식을 배울 뿐만 아니라, 나아가 영어라는 도구를 통해 세상과 소통하고, 하나님께서 주신 사명을 실천할 수 있는 능력을 기르게 됩니다.

전인적 성장과 교훈의 장소

영어 페스티벌은 또한 학생들의 전인적 성장을 위한 중요한 장입니다. 단순히 언어를 배우는 것이 아니라, 그 언어 속에 담긴 가치와 철학, 감정을 이해하고, 그로부터 삶의 교훈을 얻습니다. 예를 들어, 다양한 역사적 사건, 문화적 맥락을 영어로 배우면서 학생들은 인류의 역사 속에서 하나님께서 어떻게 일하셨는지를 배우고, 이를 자신의 삶에 어떻게 적용할지를 고민하게 됩니다. 영어 페스티벌은 하나님의 창조 세계를 영어로 표현하고 탐구하는 기회를 제공합니다.

협력과 공동체 정신을 배우는 기회

이 영어 페스티벌은 학생들에게 협력과 팀워크의 중요성을 배우게 합니다. 여러 명이 함께 준비하고 공연하는 과정 속에서 학생들은 자기 주도적 학습과 타인과의 협력을 동시에 배우며, 영어가 단순한 언어적 표현을 넘어서 타인과의 관계를 풍성하게 하는 도구임을 깨닫게 됩니다. 학생들은 영어를 단독으로 배우는 것이 아니라, 다양한 문화와 아이디어를 나누고, 그것을 자신만의 색깔로 표현하는 과정에서 진정한 소통의 의미를 이해하게 됩니다.

결국, 이 영어 페스티벌이 말하는 것은 '사랑'입니다

이 페스티벌의 핵심은 사랑입니다. 학생들은 영어를 배우며 자신의 내면을 돌아보고, 타인을 배려하며, 하나님 사랑을 실천하는 방법을 배우게 됩니다. 언어는 단순히 소통의 도구가 아니라, 하나님께서 주신 사랑을 나누는 방법이라는 가르침을 학생들에게 전하는 중요한 매개체가 됩니다. 월광기독학교의 영어 페스티벌은 학생들이 하나님의 뜻을 따르며, 그 속에서 진정한 관계를 맺고 사랑을 나누는 법을 배울 수 있도록 돕는 교육적 공간입니다.

이처럼, 월광기독학교의 영어 페스티벌은 단순한 언어 학습의 장을 넘어, 하나님을 기쁘시게 하는 마음으로 영어를 배우고 이웃 사랑을 실천하는 기회입니다. 이는 학생들에게 기독교 세계관을 바탕으로 한 전인적 성장과 공동체 의식을 심어 주는 중요한 교육적 행사로, 참가자들에게 평생 잊지 못할 가르침을 전하는 의미 깊은 시간이 될 것입니다.

'아함 캠프', 그 속에 담긴 기적(초등 3학년)

"아빠와 함께"라는 이 짧은 말은, 사실 매우 깊은 고백입니다. 그 안에는 아이의 정체성과 신앙, 그리고 한 가정의 본질이 담겨 있습니다. 교육은 어디서부터 시작되는가—이 물음은 결국 '존재가 어디서 비롯되는가'와 같은 말입니다.

그 시작은 교과서도, 교실도 아닙니다. 첫 학교는 가정이며, 첫 교사는 바로 '아버지'입니다. 하나님께서 사람을 창조하시고 그 코에 생기를 불어넣으셨을 때, 그분은 단지 생명을 주신 것이 아니라, 관계를 여셨습니다.

아버지란 존재는, 이 땅에서 그 하나님의 형상을 가장 먼저 담는 자리입니다. 그렇기에 아이는 아버지를 통해 하나님을 상상하고, 사랑을 배웁니다. '아함 캠프'는 이 놀라운 관계의 회복을 위해 존재합니다. 단순한 체험 프로그램이 아니라, 하나님 아버지의 마음을 회복하는 '가정의 재건 프로젝트'라 할 수 있습니다. 단절되고 각자도생하는 시대 속에서, 사랑의 맥을 다시 이어 주는 신앙 공동체적 교육의 현장입니다.

아버지란 누구인가 존재의 부름에 응답하는 사람

오늘날 '아버지'는 점점 사회적으로 주변화되고 있습니다. 많은 아버지들이 생계와 책임 속에 고립되어, 존재의 언어를 잃고 말았습니다.
아이를 사랑하지만 말로 표현하지 못하고,
함께 있고 싶지만 방법을 몰라 멀어지고 맙니다.
그러나 성경은 아버지를 단지 가장이나 관리자 정도로 여기지 않습니다.
아버지는 자녀에게 하나님의 인격을 중개하는 사람입니다.
하나님이 보이지 않을 때,
아이의 마음속에 그 형상을 새기고 지키는 사람,
그가 바로 아버지입니다.
'아함 캠프'는 아버지를 다시 부릅니다.
'존재'로, '사랑'으로, 그리고 '신앙의 첫 선생'으로.
말이 서툴러도 괜찮습니다.
중요한 것은 다시 손을 내미는 일이며,
다시 함께 웃고, 다시 함께 기도하는 일입니다.
그렇게 다시 마주 앉은 자리에서,
아이들은 말합니다.
"아빠, 나 정말 좋아."
그 짧은 고백이, 아버지를 다시 일으킵니다.

활동은 단순하지만, 그 안엔 생명이 흐릅니다.
'아함 캠프'는 단순한 프로그램처럼 보입니다.

함께 텐트를 치고, 모닥불을 피우고,
하루 동안 미션을 수행하며 웃고 떠듭니다.
하지만 그 안에 담긴 것은 단지 '시간 보내기'가 아닙니다.
관계의 재구성이며,
사랑의 언어 회복입니다.
아이들이 아빠 얼굴을 그리는 시간,
그건 단순한 미술 활동이 아닙니다.
아버지를 '바라보는' 연습이며,
존재를 '기억하는' 훈련입니다.
포스터에 남겨진 글자 하나,
공연에서 불려지는 노래 한 줄,
서툰 춤 속에서도 아이들은 아빠와 '마주 서는 법'을 배웁니다.
그건 이 세상 어떤 학교에서도 가르칠 수 없는 사랑의 기술입니다.
그리고 캠프의 마지막 밤,
불빛 하나하나가 켜질 때,
아빠는 아이에게 편지를 읽습니다.
처음으로 마음을 고백합니다.
"사랑한다.
너는 내게 가장 큰 기쁨이다."
그 말 앞에서, 아이는 아무 말 없이 고개를 끄덕입니다.
그 눈빛이 말해 줍니다.
"나도 알아요.
아빠와 함께여서, 정말 다행이에요."

이것이 교육입니다. 사랑이 교육이 되는 순간
교육은 결국 사랑입니다.
그리고 사랑이란, 반드시 관계를 전제로 합니다.
교실에서 이뤄지는 모든 수업 이전에,
가정에서 이뤄지는 눈빛, 손길, 그리고 기도가
진짜 교육의 뿌리입니다.
아함 캠프는 교육을 사랑으로 다시 재정의합니다.
교과 중심 교육이 놓친 존재 중심 교육을 회복합니다.
실력 이전에 정체성,
성과 이전에 사랑을 먼저 가르칩니다.
아버지의 눈물이
아이의 믿음을 깨우고,
아버지의 기도가
아이의 영혼을 붙들어 줍니다.
이 모든 순간들이 말해 줍니다.
"우리는 교육을 하고 있는 것이 아니라,
사랑을 살아 내고 있는 것입니다."

캠프가 끝나고도 끝나지 않는 이야기
'아함 캠프'는 이틀 만에 끝납니다.
하지만 그 여운은 멈추지 않습니다.
아버지는 다시 삶의 자리로 돌아가지만,
이제는 다른 눈빛을 가졌습니다.

아이도 교실로 돌아가지만,
마음속에는 '품'이 남아 있습니다.
기도의 품, 사랑의 품, 하나님 아버지의 품.
이 캠프는, 단지 추억이 아니라
삶을 바꾸는 서사의 시작입니다.

로가톤:
사랑을 나누는 기부 마라톤(초등 5~6학년)

'로가톤'은 5, 6학년 학생들이 참여하는 기부 마라톤 대회로, 참가자들이 후원자를 모집하고 정해진 코스를 완주할 때마다 기부금을 모으는 특별한 행사입니다. 이 대회는 단순히 체력을 기르고, 자신을 도전하는 것을 넘어, 사랑을 실천하는 과정을 배우는 소중한 시간입니다. 마라톤을 뛰는 것은 하나님께서 주신 몸을 정성껏 관리하고, 이웃을 향한 사랑을 몸소 실천하는 길입니다.

대회에서 모인 기부금은 빈곤으로 학업을 이어 가지 못하는 타국의 학생들을 돕는 데 사용됩니다. 이것은 학생들에게 타인을 위한 기부의 기쁨을 경험하게 하고, 그들의 작은 손길이 어떻게 세상의 큰 변화를 일으킬 수 있는지 보여 주는 중요한 기회입니다. 학생들이 기부 마라톤을 통해 이웃에게 사랑을 나누고, 예수님의 가르침을 따르며 한 걸음 한 걸음 나아가는 과정은 그들에게 진정한 이웃 사랑을 몸으로 배울 수 있는 특별한 시간이 될 것입니다.

한 걸음, 한 걸음, 사랑의 길로 나아가다

이 대회에서 학생들은 마라톤을 뛰면서 자신의 몸과 마음을 돌아보고, 건강을 관리하는 법을 배우게 됩니다. 코스를 완주할 때마다 기부금을 모으며, 학생들은 자신의 힘을 남에게 나누는 의미를 깨닫습니다. 이 대회는 단순한 마라톤이 아니라, 하나님 사랑을 실천하는 중요한 교육적 기회입니다. 마태복음 25장 40절에서 예수님은 말씀하셨습니다. "너희가 여기 내 형제 중에 지극히 작은 자 하나에게 한 것이 곧 내게 한 것이니라." 이 말씀처럼, 학생들은 작은 이웃을 향한 사랑이 하나님께 드리는 최고의 예배임을 배우며, 그 사랑을 한 걸음씩 실천하게 됩니다.

학생들은 마라톤을 통해 자기 자신을 돌아보고, 타인과 나누는 기쁨을 깨닫습니다. 그들이 기부금을 모을 때마다, 그들이 내딛는 한 걸음 한 걸음이 이웃을 위한 사랑의 발걸음이 됩니다. 마라톤을 완주하는 것은 단순히 신체적인 도전이 아닙니다. 그것은 하나님과 이웃을 사랑하는 마음을 몸으로 표현하는 여정입니다.

공동체 속에서 배우는 사랑의 의미

'로가톤'은 학생들에게 단순히 개인의 성취를 추구하는 것이 아니라, 공동체의 일원으로서 함께 나아가는 여정을 제공합니다. 학생들은 대회 내내 서로 격려하고 돕는 과정을 통해 협력과 배려의 중요성을 배우게 됩니다. 이 대회는 혼자서는 이루어질 수 없는 공동체의 힘을 보여 주는 경험이 됩니다. 학생들은 이 과정을 통해 타인에 대한 배려와 서로 돕는 사랑의 정신을 몸으로 익히게 됩니다.

또한, 대회가 진행되는 동안, 학생들은 학교와 자연을 사랑하는 마음도 배웁니다. 그들이 마주하는 학교 캠퍼스와 자연환경 속에서 그들은 자연을 소중히 여기는 법을 배우며, 자신들이 속한 공동체에 대한 애정을 더욱 깊이 느끼게 됩니다. 이 대회는 학교와 자연에 대한 사랑을 기르고, 하나님께서 창조하신 세상을 존중하는 마음을 심어주는 시간이 될 것입니다.

하나님을 기쁘시게 하는 기회, 사랑을 나누는 길

이 프로그램의 궁극적인 목적은 단순히 기부금을 모으는 것에 있지 않습니다. 이 대회는 학생들이 하나님을 기쁘시게 하는 방법을 실천하는 기회입니다. 그들이 마라톤을 뛰며 모은 기부금은 하나님과 이웃을 사랑하는 마음으로 모아지며, 그 기부금이 실제로 빈곤한 이웃의 삶을 변화시키는 데 사용될 때, 학생들은 하나님의 뜻을 이루는 데 일조하고 있다는 확신을 가지게 됩니다.

학생들에게 이 대회는 단지 하루의 행사로 끝나지 않습니다. 사랑을 실천하는 경험은 그들의 삶을 지속적으로 변화시킬 것입니다. 그들은 한 걸음 한 걸음마다 자기 자신을 돌아보며, 타인을 위한 사랑의 실천을 배웁니다. 이 대회에서 얻는 것은 단순한 신체적인 성취가 아니라, 하나님께서 원하시는 사랑을 나누는 기쁨입니다. 그것은 하나님 사랑, 이웃 사랑, 자기 사랑이 결합된 가장 아름다운 경험이 될 것입니다.

결국, 우리의 사랑이 이 세상을 바꿀 것입니다.

'로가톤'은 단지 학생들이 참여하는 대회일 뿐만 아니라, 공동체의 사랑과 연대를 통해 세상 속에 변화를 일으키는 중요한 사건입니다. 이 대회에서 모은 기부금은 이웃에게 실질적인 도움이 되는 사랑의 손길이 될 것이며, 학생들은 하나님께서 주신 사랑을 실천하는 주역이 될 것입니다. 이 대회는 단순한 기부나 운동이 아니라, 사랑을 실천하는 길입니다. 그리고 그 길을 걸어가면서, 학생들은 하나님이 기뻐하시는 사람으로 성장하게 될 것입니다.

이야기하는 땅, 말 걸어오는 도시들(고2 이동학습)
종교개혁과 미래통일 체험 여정

우리는 길을 나섰습니다.

새벽 어둠 속, 인천공항으로 향하는 버스 안에서 학생들의 눈빛은 긴장보다는 설렘에 가까웠습니다. 그 설렘은 단순한 해외여행의 들뜸이 아니라, 하나님의 역사 속으로 직접 들어가는 시간에 대한 경외감이었습니다.

독일. 종교개혁이 시작된 땅.

분단을 이겨 내고 하나 된 나라. 그 땅을 밟는다는 것은, 단지 유럽의 한 도시를 방문하는 것이 아니라 역사의 심장부에 발을 들여놓는 일이었습니다.

1. 잊혀진 불꽃을 기억하며 - 프라하에서 시작된 첫 발걸음

프라하에서 우리의 여정은 시작됐습니다.

수 세기 전, 진리를 외쳤던 얀 후스의 발자취를 따라 걸으며

학생들은 이 물음을 던졌습니다.

"진리를 말하는 것이 왜 죽음이어야 했을까?"

후스 광장, 프라하 성, 구시가지의 굽은 길목마다 그의 고백은 여전히 살아 있었습니다. 학생들은 조용히 광장 바닥에 앉아 후스의 생애

를 정리하고 자신의 신앙 선서문 초고를 써 내려갔습니다.

진실한 믿음은 반드시 현실과 충돌하게 된다는 사실을 그 도시가 가르쳐 주었습니다.

2. 형식이 아닌 삶으로 - 진젠도르프와 모라비안 공동체

헤른후트, 진젠도르프의 땅에서는 소리 없이 흐르는 공동체의 숨결을 느낄 수 있었습니다. 모라비안 형제단이 살아 낸 기도의 리듬과 일상의 거룩함은 화려한 교회나 탑 없이도 믿음이 뿌리내릴 수 있다는 확신을 주었습니다. 학생들은 이곳에서 24시간 기도 운동의 유산을 배우고 각자의 기도 제목을 적은 종이를 나무 아래 묻었습니다. 그 순간, 미래의 교회, 통일된 한국 땅의 공동체는 더 이상 막연한 소망이 아닌 지금, 여기, 우리가 세워 가야 할 현실이라는 사실을 가슴 깊이 새기게 되었습니다.

3. 찬양과 고백, 드레스덴과 라이프치히에서 울려 퍼지다

드레스덴에서는 무너졌다가 다시 세워진 프라우엔 교회를 보며 우리는 재건의 신앙을 배웠습니다. 무너짐의 경험은 끝이 아니라, 다시 세움의 시작이라는 사실을 말입니다. 라이프치히에 도착해 니콜라이 교회에 들어섰을 때, 학생들은 조용히 의자에 앉아 1989년 평화 혁명을 이끌었던 월요기도회의 이야기를 들었습니다. 말 없는 울림이 공간을 채웠고, 그 안에서 우리는 기도의 힘이 세상을 바꾼다는 진리를 하나의 사실이 아닌 믿음의 실체로 받아들이게 되었습니다. 그날 저녁, 학생들이 준비한 영어 찬양이 교회 안에 조용히 울려 퍼졌습니다.

낯선 땅, 낯선 언어 속에서 울리는 찬양은 국경을 넘어선 고백이었고 세대를 잇는 하나님 나라의 선언이었습니다.

4. 고백하는 자의 자리 - 비텐베르크, 루터 앞에서 선 우리

우리는 루터의 도시, 비텐베르크에 도착했습니다. 그곳에서 학생들은 루터가 95개조 반박문을 붙였던 문 앞에 섰습니다. 한 사람, 한 사람 차례로 자신의 신앙 선서문을 낭독했습니다. 진지한 목소리, 때로는 떨리는 고백, 그리고 서로를 바라보며 함께 흐르는 눈물. 이 순간, 우리는 비전트립이라는 프로그램을 넘어 하나의 영적 부흥의 자리에 서 있었습니다.

이들이 다짐한 신앙은, 단지 감성의 분출이 아니라 앞으로의 삶을 결정하는 경건한 선언이었습니다.

믿음의 발자국 위에 선 다음 세대

5. 통일 독일에서 통일 한국을 보다 - 베를린과 작센하우젠

베를린 장벽 앞, 학생들은 질문했습니다.

"분단은 왜 생겼고, 어떻게 회복되었는가?"

단순히 물리적인 철거로 통일이 완성된 것이 아님을 우리는 알고 있었습니다.

브란덴부르크 문 앞에서, 작센하우젠 수용소 앞에서, 유대인 추모비 안에서 우리는 인간의 연약함과 죄악을 마주하며 신앙이 단지 개인의 구원에 머물러선 안 된다는 사실을 깨달았습니다.

통일은 마음에서 시작됩니다. 그리고 그 마음은 하나님 나라의 복음으로만 진정히 하나가 될 수 있습니다.

6. 만남과 연대 - GMS 학교 방문

빌레펠트에서 우리는 독일 내 기독학교인 GMS를 방문하였습니다. 문화도 언어도 다르지만 신앙의 기준 안에서 아이들을 키우려는 공동체의 마음은 하나였습니다. 축구 경기, 교류 수업, 함께하는 식사. 그 모든 순간에 하나님 나라의 아이들이 서로를 바라보며 미소 짓는 얼굴이 있었습니다.

7. 돌아오는 길, 그 여정의 의미를 품고

이 여정은 단지 9박 10일이 아니었습니다. 준비의 60일, 현장의 10일, 그리고 삶으로 살아 낼 이후의 시간까지, 우리의 비전트립은 계속되고 있습니다.

학생들은 돌아온 후, 자신의 고백을 다시 정리하여 포스터로 제작

하였고 교내 작은 전시회를 열기도 하였습니다. 한 사람의 신앙이 공동체를 흔들 수 있고, 한 공동체의 고백이 민족의 미래를 준비할 수 있다는 믿음을 몸으로 배우게 된 시간이었습니다.

믿음은 여정이고, 교육은 동행입니다.

이번 비전트립은 역사 교육이 아니었고, 해외 견학도 아니었습니다. 믿음을 배우고, 고백하며, 살아 내는 거룩한 여정이었습니다. 이 여정은 끝난 것이 아니라 지금 이 시간, 우리 안에서 다시 시작되고 있습니다.

그리고 우리는 믿습니다. 사랑이 시작이고, 고백이 길이며, 함께함이 능력이라는 이 진리가 통일 한국을 세우는 기초가 될 것이라는 사실을.

무엇이 옳은가를 배우기 위한 여행이 아니라
옳은 것을 선택하며 살아가기 위한 활동

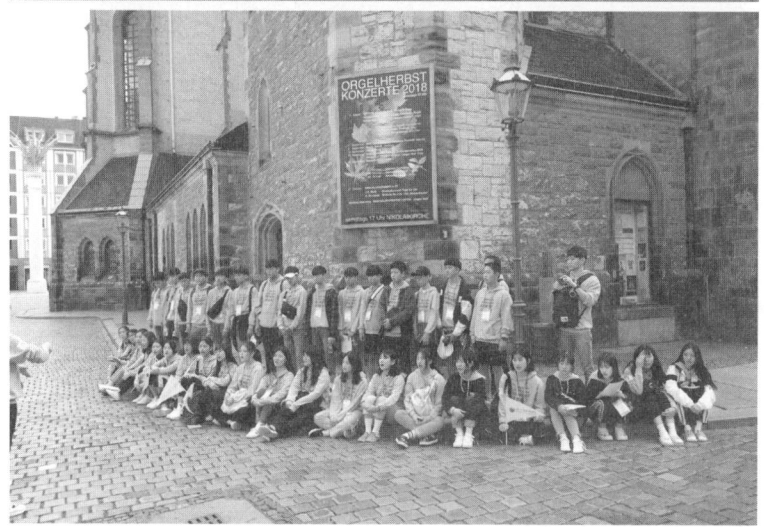

우리는 세계를 보러 간 것이 아니라
세계 속에서 믿음을 다시 마주하러 갔습니다.

3부

사랑으로
이어지는 길

다르지만 함께 걷는 우리, 그 자체가 공동체입니다

교육의 흔적, 발자국
조용히, 그러나 끝까지 사랑하려는 마음으로

가끔은, 정말 아무도 모를 것 같았습니다.

이 교실 안에서 제가 어떤 마음으로 버티고 있었는지 말입니다. 분명 누군가를 가르치는 자리라고 생각하며 이 자리에 있지만, 사실은 저부터가 매일 흔들리고, 때로는 무너지고 있다는 걸, 그 누구에게도 쉽게 말할 수 없었습니다.

저는 늘 정답을 찾으려 애썼습니다.

어떻게 말해야 아이가 덜 다칠까, 어떻게 해야 이 상황을 잘 넘길 수 있을까. 그런데 이상하게도, 지금까지 가장 기억에 남는 순간들은 제가 말을 하지 못했던 날들이었습니다.

그저 조용히 함께 있었던 날, 아이 앞에 설 수 없어 제 자리에서 말없이 앉아 있었던 날, 그런 날들이 제 마음속에 가장 깊게 남아 있습니다. 그래서 저는 요즘 이렇게 생각하게 됩니다.

아, 교육은 '잘하는 것'이 아니구나.

교육은 견디는 것이구나.

기억하고, 포기하지 않고, 무너지지 않으려 애쓰는 것이구나.

회의가 쌓이고, 수업은 흘러가고, 행정은 끝이 없고, 아이들과의 거리는 가까운 듯 멀게만 느껴집니다. 문득, "이게 뭐지?"라는 생각이 들고, "이렇게 해서 뭐가 달라질까?"라는 회의도 찾아옵니다.

그러다 어느 순간, 아무도 말하지는 않지만 제가 여전히 사라지지 않고 있다는 사실 하나가 어디선가 누군가에게는 의미일 수도 있겠다는, 그런 말도 안 되는 희망이 스쳐 갑니다. 그래서 저는 마음속으로 다짐합니다.

남으려 애쓰기보다, 사라지지 말자.

그 마음 하나로 오늘 하루를 견뎌 낸다면 그 자체가 누군가에게는 작은 흔적이 될 수도 있지 않을까 하고요. 제가 교사가 된 이유는 거창하지 않았습니다. 그저 누군가를 돕고 싶었고, 무너지지 않게 붙잡아 주고 싶었고, 어릴 적 저와 닮은 아이가 있다면 그 옆에 조용히 있고 싶었을 뿐이었습니다. 그 마음이 지금도 남아 있는지는 잘 모르겠습니다.

많이 상처받았고, 많이 달라졌고, 제가 '사랑'이라고 믿었던 것들도 자주 부서졌습니다. 그런데도 오늘, 다시 교실 문을 열며 저 스스로에게 조심스럽게 물어봅니다.

"너, 아직도 사랑할 수 있겠니?"

정답은 없습니다. 하지만 오늘 하루만큼은 다시 사랑해 보겠다는 결심은 남습니다. 교육의 흔적은 언제나 작습니다. 작아서 알아보지 못하고, 그래서 너무 쉽게 지나쳐 버릴 수 있습니다. 그러나 그 작은 흔적은 언젠가 누군가의 마음속에서 작은 불빛처럼 살아날지도 모릅니다.

그 불빛 하나로 사람은 견디고, 살아 내고, 다시 길을 찾습니다. 그래서 저는, 오늘도 작지만 진심 어린 발자국 하나를 남기고 싶습니다. 크지 않아도, 멋지지 않아도 그것이 언젠가 누군가에게 "사랑이었다"고 불리는 날이 오기를 바라는 마음으로요.

혹시 지금 이 글을 읽고 계신 당신이 지쳐 있거나, 무력감 속에 잠겨 계신다면 저는 조심스럽게 이렇게 말씀드리고 싶습니다.

당신이 남기려 애쓴 흔적이 아니라, 그저 머물며 사랑하려 했던 당신의 마음이 이 길 위에, 이 아이들에게, 가장 오래 남을 것입니다.

공동체라는 이름으로
나를 해체하는 공간, 그럼에도 함께 있는 이유

처음에는 함께 있다는 사실만으로도 충분할 줄 알았습니다. 그러나 시간이 흐르며 알게 되었습니다. 공동체는 제게 가장 불편한 공간이었습니다. 공동체는 저를 따뜻하게 맞이해 주지 않았습니다. 아니, 정확히 말하면 제가 바라는 방식대로만은 환영해 주지 않았습니다.

모두가 선한 의도를 가졌지만 그 의도들은 자주 충돌했고 저는 어느새 '왜 나만 이런 생각을 하지?' 하는 고립된 질문 속에 머무르고 있었습니다. 공동체는 제가 감추고 있었던 연약함을 드러냈습니다. 자기연민, 열등감, 우월감, 완벽주의…

모든 것이 누군가의 말 한마디에, 회의에서의 정적에, 어긋나는 시선 하나에 흔들렸습니다. 그때는 공동체가 저를 다치게 한다고 생각했습니다.

하지만 지금은 압니다. 그건 공동체가 제 안에 숨어 있던 진짜 얼굴을 보여 주고 있었던 것이었습니다. 공동체는 저를 낯설게 만듭니다. 그래서 견디기 어렵고, 때로는 도망치고 싶어집니다. 하지만 그 낯섦을 지나면서 비로소 사랑이란 말을 다시 진심으로 꺼낼 수 있게 되었습니다.

편한 사람만 만나서는 진짜 사랑을 배울 수 없었습니다. 저를 불편하게 만드는 사람과 함께 있어야만 사랑이 무엇인지 조금씩 알게 되었습니다.

공동체는 거울입니다. 제 마음을 비춰 주는, 때론 너무 날카롭고 차가운 거울입니다. 그 앞에 서면 저는 단단해지지 않았습니다. 오히려 더 부서졌고, 더 낮아졌고, 더 조심스럽게 묻게 되었습니다.

"정말 너는 사랑할 준비가 되어 있었니?"

"정말 너는 누구와도 함께 걸을 수 있니?"

"정말 너는 공동체를 품으려 했니, 아니면 조종하려 했니?"

그 질문 앞에서 저는 하루하루 다시 배웁니다. 공동체는 제가 바라는 대로 움직여 주는 조직이 아니라, 제가 새로 태어나야만 함께 걸을 수 있는 생명의 질서라는 것을요.

월광기독학교라는 공동체는 저를 위로하기보다 저를 깨뜨려 주었습니다. 그리고 끝까지 저를 함께 걷자고 불러 주었습니다.

그래서 저는 오늘 여기에 있습니다.

신뢰는 이해보다 느리다
서로를 포기하지 않겠다는 말 없는 약속

신뢰는, 살아 있는 관계가 지닌 가장 느리고도 깊은 힘입니다. 그리고 그것은 언제나 이해라는 말보다 훨씬 늦게, 조심스럽게 도착합니다. 이해는 설명과 논리의 세계에 있습니다. 명확하고 빠르며, 정답이 존재합니다. 상대의 마음을 풀어내는 데에도 어느 정도 도움이 됩니다.

하지만 신뢰는 다릅니다. 신뢰는 말보다 태도에 가깝고, 정확함보다 머무름을 바탕으로 세워집니다. 이해는 관계의 문을 열지만, 신뢰는 그 문 앞에서 오래 기다릴 수 있게 만들어 줍니다. 그 기다림 속에서 우리는 상대의 속도와 말투, 심지어는 침묵조차도 그 사람의 방식으로 받아들이게 됩니다.

저는 공동체 안에서 참 많은 이해의 실패를 겪었습니다. 제가 옳다고 여긴 말들이 누군가에게는 상처로 다가왔고, 제가 진심으로 했던 행동들이 어떤 이에게는 부담과 혼란이 되기도 했습니다.

그럴 때마다 제 안에서 질문이 일어났습니다.

"왜 저 사람은 나처럼 생각하지 않을까?"

"왜 나의 진심을 그렇게 다르게 받아들일까?"

하지만 곧 알게 되었습니다. 그 질문은 관계를 가로막는 벽이 되기도 한다는 것을요. 상대를 이해하려는 마음처럼 보이지만, 사실은 나의 관점에 상대를 끼워 맞추려는 의지일 수도 있었습니다.

신뢰는 다른 자리에서 시작됩니다.

"왜?"라는 질문이 아니라,

"그래도 함께 있겠습니다."라는 말 없는 선택에서 말이지요. 이해하지 못했지만, 그럼에도 불구하고 곁에 남기로 결심했던 순간들이 있었습니다. 그리고 그 순간들이 오히려 관계를 깊게 만들었습니다. 그건 대단한 일이 아니었습니다.

회의가 끝난 후 나직하게 건넨 한 마디, 서툴지만 진심이 묻어 있던 사과, 눈빛 하나로 전해진 '괜찮습니다'의 신호. 그런 장면들 속에서 저는 배웠습니다. 신뢰는 말로 쌓는 것이 아니라, 매일의 태도와 머무름으로 빚어지는 것이라는 사실을요. 월광기독학교라는 공동체 안에서 저는 그 신뢰를 여러 번 경험했습니다.

같은 방향을 바라보지만, 속도는 각자 다르고, 표현도 다르고, 때론 그 다름이 오해가 되어 거리를 만들기도 했습니다. 하지만 시간이 흐르고, 조금씩 마음이 풀리고, 무언의 동행이 이어질 때, 비로소 알게 되었습니다.

'신뢰는 이해보다 느리지만, 훨씬 깊다는 것'을요.

그리고 그 느림이야말로 공동체를 지켜 내는 힘이 된다는 것을요. 지금 이 글을 읽고 계신 당신께 조심스럽게 말씀드리고 싶습니다. 혹시 누군가와 멀어진 마음이 있다면 조금 더 기다려 보셔도 좋습니다. 이해는 당장 되지 않을 수 있어도, 신뢰는 그 기다림 속에서 조금씩 자라납니다.

그리고 그 신뢰가 다 자라기까지 우리가 할 수 있는 일은 단 하나, 포기하지 않는 것입니다. 저는 오늘도 배우고 있습니다. 신뢰를 단단히 붙드는 법을, 그리고 누군가를 이해하지 못해도 함께 살아갈 수 있는 용기를요. 이 공동체가 그 길을 함께 걸어간다면, 그리고 우리가 그 안에서 서로를 잃지 않는다면, 그것만으로도 이미 이 길은 사랑의 이름으로 기억될 수 있으리라 믿습니다.

작은 그림, 큰 마음이 붙은 문

바람이 지나간 자리, 물이 머문 시간
삶 속에서 실체로 드러나는 사랑의 흔적들

겨울 방학이 끝나갈 무렵, 교실 문을 열었을 때의 그 냄새를 기억합니다. 먼지, 나무, 희미하게 남은 다양한 냄새, 그리고 무엇보다 곧 돌아올 아이들의 숨결이 예감되는 공기.

이른 아침, 교실 한가운데는 정적이 있었습니다. 그 고요는 죽은 정적이 아니라, 무언가 태어나기 직전의 흔들림이라 이름을 붙이고 싶습니다.

창문을 열었습니다. 바람이 스쳤습니다. 차가웠지만, 그 바람은 교실 전체를 한 번 쓸고 지나갔습니다. 책상 위 먼지가 가볍게 떠올랐다가 다시 내려앉고, 걸레에 남은 물기가 햇빛에 반짝이며 말라 갔습니다.

바람은 말을 하지 않았지만, 교실을 깨웠습니다.

그 누구도 없던 그 아침, 그 바람 하나로 저는 다시 이 일을 시작할 수 있었습니다. 그리고 며칠 뒤, 한 아이가 문을 열고 들어왔습니다.

그 아이는 서먹한 인사와 함께 가방을 던지고, 한쪽 벽에 몸을 기대고 앉았습니다. 대답도, 눈맞춤도 없던 시간.

하지만 그 아이가 가방을 교실 안에 던졌다는 것, 그 자체가 '여기 오겠다'는 말 없는 고백이라는 걸 저는 알고 있었습니다.

저는 말을 건네지 않았습니다.

대신, 애들에게 주려고 준비한 볼펜을 꺼냈습니다. 그 아이 책상 위에 조용히 놓았습니다. 아이는 아무 말 없이 만지작거렸습니다. 그날 제가 한 교육의 전부였습니다. 지금 생각해 보아도 그날 그것이 제가 표현하는 최대의 관심이었습니다.

사랑은 거창하지 않습니다.

휴지 한 칸을 건네는 손끝, 손이 트지 않도록 크림을 바르는 습관, 복사기 위에 놓고 간 다음 사람을 위한 메모 한 장. 우리는 그 모든 사소한 장면 속에서 서로의 존재를 확인하고, '당신이 여기 있다는 걸 나는 압니다'라는 말을 말없이 전하고 있었습니다.

물은 고요히 스며듭니다. 시간이 지나야 드러나는 생명의 조건입니다. 3년 동안 제 수업을 들었던 학생이 있었습니다. 그 아이는 늘 멀찍이 있었고, 항상 서먹서먹했습니다. 특별히 말이 많거나 눈에 띄지도 않았습니다.

그 아이가 졸업식 날 건넨 한 말이 있습니다. 정확히 기억나지는 않지만 '졸업합니다. 감사했습니다.' 정도의 짧은 마지막 인사였습니다. 저도 '고생했어, 말해 줘서 고마워'라고 이야기 했습니다. 그날 많은 인사 중 가장 화끈거리면서 가슴을 흔들었습니다. 우리 사이에 고요히 흐르던 물이, 그 마음 깊은 곳 어딘가에 머물러 있었다는 걸 느낄 수 있었습니다.

사랑은 존재를 보듬는 아주 구체적인 손길로 다가와야 합니다. 바람처럼 지나가지만 확실히 흔적을 남기고, 물처럼 천천히 스며들지만 결국 생명을 일으킵니다.

우리는 교육이라는 이름 아래 늘 그런 실체들과 부딪히며 살아갑니다. 그리고 그 속에서 다시 사랑을 배우고, 다시 사람을 믿고, 다시 인간을 희망하게 됩니다.

이것이 바로, 추상 속에 머물던 개념들이 살아 있는 삶의 얼굴을 가지는 순간입니다.

이제 우리는, 그 모든 실체를 '교육'이라는 이름으로 한 줄씩 써 내려가고 있습니다.

4부

생활로
아이를 만나다.
사계

걸어가는 배움, 멈춰 보는 아름다움

담임의 일과 - 2월의 어느 하루

1. 졸업, 진급, 그리고 마감

2월, 교실은 어느 해보다 조용하지만 선생님의 마음은 더 분주합니다. 졸업을 시키고 진급을 돕고, 생활기록부를 마지막으로 점검하며 한 해를 정리합니다.

방학 전 출력하여 수차례 검토했건만, 여전히 수정할 곳이 보이고 학생의 성장이 제대로 드러났는지 다시 들여다보게 됩니다.

이런 작은 완성이 쌓여 교사에게 한 해가 닫힙니다.

동시에 새로운 학기 준비가 시작됩니다.

행정과 담임 사이,

사무와 사람 사이에서,

저는 다시 길을 정합니다.

2. 학생 정보 수집 - 기억 너머를 준비하는 시간

인사이동이 결정되고, 배정받은 반의 명단을 받으면 하나하나 이름을 보고 기억을 더듬습니다.

이름은 정보가 되고, 작년 선생님의 인상과 조언, 건강과 가정 환경, 친구 관계까지 적어 둡니다.

물론 이 모든 정보는 주관적일 수 있기에 객관적인 질문지와 함께
정리해 상담을 준비합니다.
담임의 시작은 '듣는 준비'에서 시작됩니다.

3. 학급 방향 정하기 - '우리'라는 이름을 꿈꾸며

한 해를 함께할 아이들을 상상해 봅니다.
아직 만난 적 없는 얼굴들로 공동체의 윤곽을 잡습니다.
성향, 기대, 관계의 가능성…
수십 번 수정되겠지만,
학급의 목표와 핵심 가치를 스케치합니다.
"저에게는 어쩌면 마지막 반이 될 수 있는 아이들이고,
그들에게 저는 평생 단 한 번의 담임이 될지도 모르니까요."
그래서, 준비는 많을수록 좋습니다.

4. 교실 정비 - 삶의 흔적을 지우고 다시 채우는 일

학교마다 다른 교실 구조,
밖에 있는 사물함, 안에 있는 입실형 구조…
예전 학생들의 흔적이 남아 있는 사물함을 정리하며 쓸 만한 노트,
펜, 교복을 따로 챙겨 둡니다.
쓰레기를 정리하고, 영상 장비를 점검하고, 게시판은 아이들이 꾸
밀 수 있도록 비워 둡니다.
책상을 조별로 맞대어 두고, 학생 수만큼 같은 볼펜을 준비합니다.
사진 한 장, 그 안에 담긴 기대.

다시 시작하는 이 설렘이,

매번 낯설지 않다는 게 신기합니다.

5. 만남 준비 - 내 아이의 친구를 준비하는 일

담임이 된 이후, 늘 같은 다짐을 합니다.

"이 아이들은 언젠가 내 아이와 살아갈 사람들이다."

그러니, 좋은 친구를 만들어 주는 일이 교육의 첫걸음이 되어야 합니다.

입시 중심의 학교 구조는 내가 바꿀 수 없지만 내가 만나는 이 아이들과의 만남은 바꿀 수 있습니다.

좋은 친구가 되게 하고, 좋은 만남을 경험하게 하는 것. 그것이 담임의 사명이 아닐까요.

6. 학사일정 확인 - 상담은 예방이다

학교 행사는 많고, 그 안에서 학생의 '빛'이 드러날 수 있는 순간들을 표시해 둡니다.

소감문을 쓰게 하고, 생활기록부에 남길 준비를 합니다.

상담도 미리미리 계획합니다.

학부모 상담, 학생 상담…

불필요해 보여도, 초기 상담은 큰 사건을 막는 예방선이 됩니다.

담임이 무너지면 아이들도 무너지는 걸, 여러 번 경험했기 때문입니다.

그리고 잊지 말아야 할 한 가지 - 자신을 위한 시간.

한 달에 한두 번, 반드시 나를 회복시키는 시간표를 만들어 놓습니다. 동료 교사와의 연대도 같은 이유로 중요합니다.

한 명의 열정이, 학년 전체의 공기를 바꾼다는 것을 알기에.

3월의 시작

교사의 시간, 공동체의 출발
새 학기의 문이 열립니다.
설렘과 부담이 함께 찾아옵니다.
에너지의 절반 가까이를 이 첫 시기에 쏟아야 가을의 번아웃을 피할 수 있습니다.
학생도 교사도, 낯선 환경에 마음앓이 합니다.
그래서 우리는
'같은 방향으로 시선을 모으는 일'부터 시작해야 합니다.

1. 학급 세우기

첫 만남은
늘 낯설고 경이롭습니다.
학생 분류표를 되새기며,
20분짜리 성향 검사를 곁들입니다.
외향과 내향,
소신과 경청 사이에서
우리 학급만의 공존 규칙을 세워 갑니다.

임시 반장을 두기보다는
점심시간, 쉬는 시간,
아이들과 온전히 함께 있기로 합니다.
한 사람의 표정을 더 읽기 위해서.

2. 상담

상담 주간을 열기 전에 긴급하거나 깊은 마음의 흔들림이 느껴지는 학생들을 조심스레 구분합니다.
담임의 손길은 깊고 섬세해야 합니다.
전문가의 도움도 필요하지만 그 전에 담임으로서 한 사람을 충분히 만나 보아야 공동체를 이끄는 힘이 됩니다.
가정과의 연결도 함께 엮습니다.
거절당하더라도 두세 번 요청해 보고 진행되지 않는 경우는 반드시 기록으로 남깁니다.
그 기록이 언젠가 아이를 지킬 지도입니다.

3. 복지

학기 초, 경제적 도움이 필요한 아이들을 파악합니다.
4월 말, 장학 시스템이 가동되기 전 아이들의 삶을 먼저 만져야 합니다. 지자체의 복지망도 있지만, 담임의 눈이 가장 빠르고 정확한 지도입니다. 장학 담당, 복지 재단, 동문회와도 손을 맞잡습니다.

4. 담당 정하기

며칠이 지나면 정돈했던 자리가 흐트러집니다. 그때부터 학급 내 자치 역할을 세워야 합니다. 청소 구역, 게시판, 문 열기, 전등 끄기… 기능은 곧 관계가 됩니다. 눈에 띄는 자리에는 더 많이 봐야 할 학생을 배치합니다. 관계는 곧 돌봄이 되기 때문입니다.

5. 조별 만남

4~6명의 팀을 구성합니다. 그룹의 주도성, 관계의 결핍, 사랑의 방식까지 고려하여 멘토-멘티 관계를 엮습니다.
이 팀의 목표는 조의 성장이 아니라 학급의 균형입니다.
학급은 작은 사회이며, 학생은 돌봄의 대상이 아니라 성장과 책임을 배워 가는 존재입니다.
교사와 부장이라는 자리 학생을 세우는 만큼 교사와의 연대도 세워야 합니다.
부장이란 직책은 위에 선 사람이 아니라, 더 무거운 짐을 진 사람입니다.
행정 역량이 요구되지만 더 본질적인 것은 흐름을 읽고, 구조를 만들고, 교사들의 마음을 엮는 일입니다.
한 해가 아닌 세 해를 그릴 수 있어야 부장의 자리가 의미를 가집니다.
그래서 오늘, 작은 일에도 방향이 있어야 합니다.

3월은 여전히 겨울의 찬기 속에서 시작하지만
아이들의 목소리와 눈빛은

이미 봄입니다.
나는 교사입니다.
오늘, 다시 그 자리에 섭니다.
번아웃을 걱정하면서도
아이의 이름을 부르는 이 일이
이토록 눈부신 이유입니다.

4월의 시작

관계의 뿌리를 내리는 시간.
봄이 무르익는 4월, 교사의 시간은 조금은 느리게, 그러나 더 깊이 흘러야 합니다.
3월의 설렘과 긴장이 지나고, 관계의 온도와 학급의 기류가 이제야 드러나기 시작합니다.
이 시기의 교사는 이름을 부르는 사람을 넘어 아이의 삶을 해석해 주는 사람이어야 합니다.

1. 관계 다지기

4월은
아이들 사이의 첫 균열이 생기는 시기입니다.
친구를 잘 사귀지 못하는 아이, 지나치게 튀거나, 지나치게 조용한 아이, 서로의 말에 상처받기 쉬운 날들입니다.
관계는 그냥 두면 멀어지고 돌보면 가까워집니다.
말보다 더 중요한 것은 '관찰'이며, 관찰보다 더 중요한 것은 '의도를 가진 개입(介入)'입니다.
작은 칭찬, 짧은 대화, 특정한 역할을 맡기는 일이 이 시기의 관계를 다시 엮어 줍니다.

2. 학급 규칙 정비

3월에 세운 학급의 규칙은
아이들의 실제 행동에 의해 시험을 받습니다.
처음의 다짐은 흐려지고 규칙은 관성 앞에 흔들립니다.
이때 다시, 규칙을 정비해야 합니다.
아이들과 함께 규칙의 의미를 다시 묻고 바뀌어야 할 부분은 바꿉니다. 중요한 건 규칙이 아니라 규칙을 만드는 '우리의 합의'입니다.
아이들이 만든 규칙이라야 아이들이 지켜 냅니다.

3. 생활 지도

지각, 복장, 언행, 하나둘씩 생활의 틈이 생깁니다.
무너지는 한 명을 '예외'로 넘기지 말고, '기준'으로 세워야 합니다.
한 명에게 말하는 것이 사실은 모두에게 말하는 것이기 때문입니다. 그러나 생활 지도는 '제재'보다 '관계'로 접근해야 합니다.
"왜 그랬어?"보다
"무슨 일이 있었던 거야?"가
마음을 여는 말입니다.

4. 학부모와의 연결

상담이든 전화든, 아이의 이야기에서 가정으로 건너가는 일은
늘 조심스러우나 더없이 중요합니다.

4월은 학부모와 연결될 마지막 기회일 수 있습니다.

첫인상이 굳어지기 전에, 적어도 한 번은 긍정적인 이유로 연락을 시도해야 합니다.

"○○가 친구를 잘 도와줘서 감사했어요."

그 한 마디가

학부모의 마음을 열고, 이후 어려운 상황에서도 함께할 수 있는 연결고리가 됩니다.

5. 수업의 전환점

이제 수업에서 격차가 눈에 보입니다.

학생의 집중도, 수업 참여도, 과제 수행이 분명하게 차이가 납니다.

'모두를 위한 수업'은

'누구에게도 깊지 않은 수업'이 되기 쉽습니다.

그래서 이 시기부터는 차이를 인정하고 조금은 다르게 다가가야 합니다.

질문을 바꾸고, 피드백을 세밀하게 하며, 참여의 방식을 다양화해야 합니다.

특히 과학, 수학 등 어려움을 느끼는 과목은 함께 풀어 보는 작은 시도들이 포기하지 않게 합니다.

6. 돌봄과 성장의 균형

교사는 때로 아이를 감싸야 하고 때로는 냉정하게 거리를 두어야 합니다.

4월은 그 균형을 묻는 시간입니다.
'아이를 보호하면서도 아이 스스로 서게 하기' 위해서
나는 오늘 어떤 방식으로 말하고 있는가?
달려가 감싸는 대신
기다려 주는 용기가 필요한 때이기도 합니다.

4월은 관계의 뿌리를 내리는 시간입니다.
말보다 표정이,
지시보다 질문이
더 큰 울림을 주는 시기입니다.
아이들도, 교사도
한 겹씩 마음을 벗어 내는 계절.
우리는 더 많은 이해와 더 깊은 인내로
아이의 내일을 기다려야 합니다.

봄이 먼저 오는 길

5월 신뢰의 수업, 공동체의 실험

아이들이 본색을 드러내고, 교사의 말투로 시험에 들며, 공동체의 방향이 본격적으로 '부딪히기' 시작하는 시기입니다.
수업도, 관계도, 이젠 껍데기를 벗고 진짜 알맹이를 드러내야 합니다.
교사는 '기술'이 아니라 '태도'로 교육하는 사람임을 드러내야 합니다.

1. 신뢰의 시험대

5월은 학생과 교사의 신뢰가 진짜로 시험받는 시기입니다.
아이들은 말없이 교사를 평가합니다.
"이 선생님은 말만 하지 않는가?"
"나의 실패를 감싸 줄 사람인가?"
"어려울 때 등을 돌리지 않을 사람인가?"
그 신뢰는 큰 일보다 작은 일에서 생깁니다.
과제를 잊은 아이를 부를 때의 눈빛, 약속한 날에 상담을 지키는 일, 수업 시간 늦게 들어온 아이에게 건네는 말 한마디.
그 모든 사소함이 이제는 본질이 됩니다.

2. 공동체의 어긋남

친했던 아이들 사이에서 말이 오가지 않기 시작하고, 몇몇 아이는 혼자가 됩니다. 교사의 시선이 사람보다는 성적과 규칙으로 옮겨 가면서 관계는 균열을 마주하게 됩니다.

이때 교실은 다시 돌아와야 할 곳이어야 합니다.

조금 삐끗한 아이가 다시 와도 괜찮은 공간. 공동체는 완벽해서가 아니라 회복이 가능하기에 의미가 있습니다. 교사는 그 회복을 먼저 시도하는 사람이어야 합니다. 말없이 책상 옆에 앉아 주고, 눈을 맞추며 "괜찮니?"라고 묻는 사람.

3. 수업의 실험

5월은 수업이 깊어지는 시기입니다. 피상적 참여가 사라지고, 누가 진짜 수업을 좋아하고 있는지, 누가 포기했는지 분명해집니다.

이때 교사는 과감히 수업을 '실험'해야 합니다.

질문을 바꾸고, 소그룹의 활동을 늘리고, 발표의 형식을 해체하는 수업.

기말고사보다 중요한 것은 아이들이 수업 안에서 '생각하는 사람'으로 서는 것입니다.

4. 교사의 피로

이제 교사도 지치기 시작합니다.

학급 행사, 시험 준비, 행정 문서, 연수, 동료 관계, 학부모 응대까지…

'일'의 무게보다 '사람'의 무게가 버겁습니다.

교사는 사람을 사랑해야 하지만 자신도 돌보아야 합니다.

가장 조심해야 할 것은 지친 교사가

아이들을 '성과'로 보기 시작하는 것입니다.

그 순간,

교육은 사랑이 아니라 관리가 됩니다.

그러니, 잠시라도 '나를 위한 시간'을 반드시 챙겨야 합니다.

5. 학교라는 공동체

부장 교사라면,

이 시기부터는 '학년 전체의 흐름'을 볼 수 있어야 합니다.

특정 학급에만 반복되는 문제는 그 담임만의 문제가 아닙니다. 학년 전체의 구조와 학교 전체의 리듬을 돌아보는 안목이 필요합니다.

이때 필요한 건 비판이 아니라 조율입니다.

도움이 아니라 협력입니다.

회복적 대화의 시간, 학년 소모임, 교과 간 프로젝트의 모색, 그 모든 게 작은 기적을 일으킬 수 있습니다.

5월은 아이들이 자라는 게 아니라

관계를 배우는 시간입니다.

그리고 교사도 자랍니다.

통제보다 기다림이 중요하고,

지도보다 동행이 깊어지는 시기.

우리는 아이들과 함께 공동체를 실험하는 중입니다.

때로 실패하고, 때로 엇나가지만

그 안에서

'함께 살아가는 방식'을 배워 가는 중입니다.

6월, 걸음을 멈추어 바라보는 시간

'아이들이 나를 지나쳐 성장하고 있다는 것을 문득 깨닫는 시기, 교사로서의 스스로의 마음을 들여다봅니다.'

1. 교육의 계절, 6월

6월은 속도를 줄여야 합니다.

몸이 지치고 마음이 숨이 찰 즈음, 교사도 학생도 잠시 걸음을 멈추어 서로를 바라봐야 할 시간입니다.

이 시기의 교실은 낯익지만 낯설고, 학생들의 말투, 눈빛, 앉은 자세까지도 달라져 있음을 느낍니다.

교육이 사람을 조금씩 바꾸고 있다는 증거입니다.

2. 수업은 성찰로 나아간다

이제 수업도 '전달'이 아니라 '비추기'로 가야 합니다.

지식은 이미 충분하니, '나는 왜 이 지식을 배우는가', '나는 어떤 존재로 자라 가고 있는가'라는 질문이 교실을 채우는 것이 더 중요해집니다.

실천 예시: 교과서의 질문 대신, 삶의 질문으로 수업을 열어 보세

요. '지식'보다는 '깨달음'이 남도록. "이 수업이 끝나고 나는 어떤 사람이 되었는가?"를 묻게 하세요.

3. 학급의 분위기를 재조율하다

관계가 조금씩 흐트러지기 시작합니다.
서로 익숙해졌기에, 말이 거칠어지고 처음의 배려가 사라지는 시간입니다.
하지만 관계는 저절로 되지 않습니다. 의도적으로 다시 중심을 잡아야 합니다.
실천 예시: "우리 반, 이대로 괜찮은가?" 함께 되묻기
모둠을 재편성하거나 자리 교체를 통해 '관계의 환기'
'1학기 동안 내가 미안했던 말들' 나누기

4. 교사의 마음도 지쳐 갑니다

이 시기에는 교사도 자신을 잃기 쉽습니다.
내가 왜 이 일을 시작했는지, 어떤 눈으로 아이들을 바라보았는지 잊어버리게 되는 시점입니다.
그래서 6월엔 '다시 나를 마주해야 할 시간'입니다.

나는 어떤 교사이고 싶은가?
학생들이 내 수업을 떠올릴 때 무엇을 기억하길 바라는가?
나는 지금, 누구에게 영향받고 있는가?

교육과 계절을 묶으며.

6월은 이른 여름입니다.

봄의 설렘이 지나고, 여름의 뜨거움이 오기 전, 잠시 멈춰 숨을 고르는 계절.

그리하여 이달은 '수업'보다 '사람', '학업'보다 '관계', '속도'보다 '방향'을 점검해야 할 때입니다.

'가르침은 때로, 멈추는 용기에서 시작됩니다.

6월, 아이들과 함께 잠시 고요해지는 법을 배웁니다.'

7월, 안으로 깊어지는 시간

7월은 아이들의 마음이 흔들리는 계절입니다.
햇빛은 강하고, 습도는 높고, 지친 몸과 마음이 교실에 가라앉습니다.
교사는 이때, 보이는 것보다 보이지 않는 것을 더 살펴야 합니다.
아이들은 시험과 성적, 친구와의 관계,
'나는 괜찮은가?'라는 묵직한 질문을 품고 말없이 하루를 견뎌냅니다.
그들의 '견딤'을 교사가 알아채지 못하면, 삶의 균형은 쉽게 무너집니다. 이때 교사는 한발 물러서되, 더 깊이 바라보는 사람이어야 합니다.
말로 위로하기보다, 침묵 속에서도 기도하며 기다릴 수 있어야 합니다.
내가 주인공이 아니라는 것, 내가 할 수 없는 순간에 하나님이 하신다는 믿음, 그 믿음을 붙드는 교사의 태도가 절실해집니다.

공동체는 다시 마주 봅니다
7월은 공동체가 지친 서로를 마주 보는 시기입니다.
모둠 활동은 줄고, 개인 과제가 늘어나며 서로를 향한 시선도 흐려집니다. 하지만 이때야말로, '우리가 왜 함께 있는지'를 다시 말해야 할 때입니다.

신앙 안에서 우리는 결코 혼자가 아니며, 혼자 설 수 없을 때 손을 내미는 것이 공동체의 힘입니다.

실천의 예

"내가 힘들 때, 누가 내 옆에 있었나요?" 나누기

조용한 기도모임, 짧은 묵상문 낭독

예수님의 침묵과 기다림을 배우는 시간

8월, 비움의 계절

8월은 학교가 잠시 닫힙니다.
학생들은 교실 밖으로 나가고, 교사는 남아 조용히 1학기를 정리하고 2학기를 준비합니다. 그러나 이 시기, 교사에게도 참된 쉼이 필요합니다.
이 쉼은 단지 휴식이 아니라, 영혼의 정돈입니다.
삶의 속도를 늦추고, 다시 내 '소명'을 떠올리는 시간.
내가 왜 이 자리에 서게 되었는지를 묵상하며, 다시 한 학기의 길을 걸을 힘을 얻습니다.
말씀과 함께 계획 세우기
"주께서 맡기신 아이들을 어떻게 품을 것인가?"
"내가 지친 동료를 위해 기도하고 있는가?"
"이 학교, 이 공동체는 어떤 방향으로 가고 있는가?"

교사는 신앙의 사람입니다.
7월과 8월, 이 두 달은 교사의 신앙이 가장 조용히, 그러나 깊게 작동하는 시기입니다. 기도는 거창한 언어가 아니라 아이들의 이름을 마음에 담고 부르는 것이며, 계획은 효율이 아니라 사랑의 순서로 세워져야 합니다. 우리는 단지 과목을 가르치는 존재가 아닙니다. 삶의 방향을 함께 묻고, 하나님 나라의 걸음을 같이 걷는 동행자입니다.

7월의 햇살 아래 나는 기다림을 배웠고, 8월의 고요함 속에서 나는 다시 부름을 들었습니다.

우리는 단지 선생이 아니라, 하나님이 맡기신 아이들의 '동반자'였습니다.

9월, 다시 길 위에 서다

9월은 계절이 바뀌는 시기입니다.
바람이 다르고, 빛의 결이 달라집니다.
교실 안에도 작은 침묵과 새로운 결심이 들어섭니다.
나는 이 시간, 다시 길 위에 섭니다.
여름의 비움을 지나 이제는 무언가를 심고, 매만지고, 기다리는 사람으로 돌아옵니다.
교사의 자리는 곧 씨를 뿌리는 자의 자리입니다.
아이들은 다시 물이 듭니다.
8월의 쉼을 마치고 돌아온 아이들은
한껏 커진 키와 어색한 미소를 가지고 교실로 들어옵니다.
그러나 그들 안의 관계는 잠시 낯설어지고,
여름 동안 생긴 거리감이 수업과 분위기에 영향을 줍니다.
이때 교사는 다시 시선을 맞추는 사람이 되어야 합니다.
무언가를 새로 시작하기보다, 이미 있던 것을 다시 조율하고, 회복시키는 일에 집중해야 합니다.

실천의 핵심

그룹 재편 혹은 소규모 프로젝트로 관계의 온도 재조정.
생활 지도를 넘어, 삶의 태도와 마음의 상태를 듣는 일.
이전 학기의 흐름을 정리, 새 흐름을 안내하는 전환기 지도.

공동체, 함께 묻고 다시 걷다

이 시기, 공동체는 잠시 '고요 속의 점검'을 필요로 합니다.
교사회의와 업무 분장이 다시 시작되고,
학교 전체의 방향성과 목표가 재조율됩니다.
늘 질문합니다.
"이 길이 아이들을 위한 길인가?"
"우리 공동체는 지금, 무엇을 놓치고 있는가?"
신앙 안에서 이 질문은 멈추지 않습니다.
함께 가야 하기에, 혼자 묻고 혼자 결정할 수 없습니다.
공동체는 함께 물을 길을 찾아야 할 사람들입니다.

1학기의 통계를 기반으로 생활·학습·관계의 회복 포인트 짚기

동료 교사들과 신앙의 시선으로 한 학기를 되짚어 봅니다.
"다음 세 달의 걸음은 어디로 향해야 하는가"를 놓고 기도모임 또는 열린토론을 진행합니다.

교육은 계절을 닮습니다.
9월의 교육은 가을 농부와 닮았습니다.

뿌린 것을 돌아보고, 물 줄 것을 따지고, 풍성함을 기대하기보다 잘 익도록 기다리는 시간입니다.
교사는 지금 재촉하지 않고 기다리는 사람이 되어야 합니다.
가르치는 것보다 함께 바라보는 태도, 앞서 말하는 것보다 먼저 경청하는 자세, 그것이 9월의 교사에게 요구되는 모습입니다.
그리고 무엇보다, 이 모든 과정을 기도로 품는 신앙의 교사가 되어야 합니다.
열매는 내가 만드는 것이 아니기에, 나는 그저 충실히 걷고, 바라보고, 기도하며 기다리는 사람입니다.
9월, 나는 다시 교사가 되었습니다.
여름의 쉼이 가르쳐 준 것은 내가 하지 않아도 자라는 것이 있고, 내가 기다려야만 열리는 마음이 있다는 것입니다.
교육은 재촉이 아닌 동행이며, 신앙은 침묵 속의 약속이라는 것을 이 계절이 다시 알려 줍니다.

10월, 사랑으로 익어 가는 시간

10월은 완성의 계절이 아닙니다.
아직 덜 익은 열매, 아직 흔들리는 관계, 아직은 혼란스러운 질문들 속에서 우리는 '익어 가는 중'인 존재들을 만납니다.
교사인 나는, 완성보다는 성장을 주시하는 사람, 평가보다는 품어 내는 사랑을 실천하는 사람이 되어야 합니다.

교육은 성장의 여백을 알아보는 일

10월이 되면 아이들의 내면은 더 복잡해집니다.
표정은 사춘기의 빛깔을 띠고, 말과 말 사이엔 시험, 성적, 비교의 그림자가 드리웁니다.
그러나 이때일수록, 교사는 숨어 있는 성장을 볼 수 있어야 합니다.
숫자로는 측정되지 않는 관계의 노력, 교실에서 혼자였던 아이가 누군가와 눈을 마주하기 시작한 장면, '할 수 없다'는 말을 '해 볼게요'로 바꾸는 순간 이 모든 것이 10월의 열매입니다.
단단해지기 시작한 아이들의 마음을, 서두르지 않고 기다려 주며, 그 안의 움직임을 소중히 바라봅니다.

사랑은 기다리는 능력

10월의 사랑은 뜨겁지 않습니다.

은은한 등불 같고, 마른 잎을 덮는 햇살 같습니다.

이 시기에는 아이들의 마음이 복잡하고, 공동체 안의 갈등도 한 차례 표면으로 떠오릅니다.

그러나 교사는 끝까지 포기하지 않고 기다리는 사람이어야 하며, 부드럽게 그러나 단호하게 방향을 잡아 주는 존재여야 합니다.

사랑은 감정이 아니라 태도입니다.

실망하지 않는 태도, 비난보다 회복을 선택하는 태도, 무너지지 않도록 곁에 있어 주는 태도가 필요합니다.

공동체는 사랑을 훈련하는 공간

신앙적 공동체 안에서, 10월은 "우리가 진짜로 함께 있는가"를 묻는 시기입니다.

기도 제목이 무겁게 늘어날 수도 있고, 동료 교사 간의 의사소통에도 피로가 스며들 수 있습니다.

그러나 서로를 포기하지 않고 품는 연습을 하는 것이 바로 우리 공동체의 존재 이유입니다.

교회가 사람을 변화시키듯, 학교 또한 사랑을 배우는 훈련장이 되어야 합니다.

실천의 예

"이 학생을 사랑으로 다시 보기" 주간 실천

공동체 내 '회복적 대화 모임' 시도
신앙 안에서 서로를 격려하는 작은 예배 or 묵상 모임 지속
교육과 계절, 그리고 신앙의 삼중주

10월의 교육은 바람이 흔드는 나뭇잎처럼 조심스럽고, 단풍처럼 성숙을 준비하는 시기입니다.
아이들 또한 점점 자신 안의 겨울을 준비하며 어떤 내적인 성찰의 문턱에 서기 시작합니다.
이 계절, 나는 교사로서 사랑을 연습하며, 아이들의 다음 걸음을 조용히 축복합니다.
"10월은 말보다 눈빛이 많아지는 시기입니다.
아이들은 시험보다 인정받고 싶어 하고, 나는 지도보다 품어 주는 손길이 필요하다는 걸 배웁니다. 그래서 오늘도 나는 사랑을 선택합니다.
포기하지 않는 사랑, 바라봐 주는 사랑, 기다리는 사랑.
교육이 결국 사랑이라면, 10월은 그 사랑의 진심을 배우는 달입니다."

11월, 감사의 눈으로, 돌봄의 손으로

11월은 자연도, 우리도 속도를 늦추는 시간입니다.
찬바람이 문을 두드리면, 마음도 어딘가 움츠러들지만 그만큼 안쪽으로 눈을 돌릴 여백이 생깁니다.
이 시기, 교육은 돌아보는 일이 됩니다. 그리고 감사하는 눈으로, 돌보는 손으로 올해를 마무리할 준비를 시작하는 시점입니다.

감사는 기억하는 힘

11월의 감사는 단지 추수감사절이라는 이름 때문만은 아닙니다.
하나님께서 올 한 해 우리에게 얼마나 많은 은혜와 만남을 허락하셨는지를 기억해 내는 계절이기 때문입니다.
한 학생이 조금 더 웃게 된 것, 공동체가 큰 충돌 없이 함께 살아 낸 것, 힘겨운 날들 사이에서도 기도하며 버텨 낸 우리 자신.
이 모든 것이 기적처럼 주어진 선물입니다.
감사는 받은 것을 알아보는 능력이고,
감사는 받은 것을 되돌려주는 태도입니다.

돌봄은 관계를 지키는 기술

11월에는 지쳐 있는 학생들이 많습니다.

학업의 부담, 관계의 긴장, 겨울을 앞둔 정서적 혼란 속에서 아이들은 더욱 돌봄의 시선을 필요로 합니다.

교사는 이 시기, 조용히 아이의 눈을 들여다보고,

"괜찮니?"라는 질문으로 하루를 시작하고,

말보다는 존재로 곁에 있어 주는 사람이어야 합니다.

돌봄은 사소한 제스처의 반복입니다.

지각한 아이를 다그치지 않고 안아 주는 마음, 성적보다 지금의 기분을 먼저 묻는 한 마디.

이것이 아이의 삶을 다시 걷게 하는 은총의 발판이 됩니다.

공동체는 함께 감사하고, 서로를 돌보는 그릇

우리 공동체 안에서 11월은 기도의 기둥을 다시 세우는 시간입니다.

고요한 예배 속에서, 올해 지나온 흔적들을 주님 앞에 놓습니다.

실패조차도 하나님의 은혜 안에서 해석할 수 있도록, 상처가 되었던 순간들도 감사로 전환될 수 있도록, 나 아닌 누군가의 짐을 내가 함께 질 수 있도록.

기도는 감사를 확장시키고, 돌봄을 두려움 없이 실천할 수 있는 용기를 줍니다.

교육과 계절, 그리고 은총의 마무리 11월의 교실은 더 조용하고, 아이들의 시선은 더 깊어집니다.

이제는 속도보다 방향, 성과보다 사람을 볼 수 있는 시점입니다. 교사는 이때 관계의 열매를 추수합니다.
수업에서, 복도에서, 예배 시간에서 작고 느렸던 변화들이 자기 빛을 내기 시작하는 순간들을 목격합니다.
11월은 내 삶을 다시 감사의 눈으로 바라보게 합니다.
아이들과 나 사이에 쌓여 온 온기, 공동체 안에 흘렀던 작은 기도들, 그 모든 것을 나는 '하나님이 돌보셨다'고 고백합니다.
돌봄은 더 많이 가진 사람이 베푸는 것이 아니라, 함께 걷는 사람이 멈추지 않도록 곁을 지켜 주는 행위라는 걸,
이 계절에 배웁니다.

12월, 마무리의 은혜, 기다림의 온기

12월의 교실은 조용한 들숨처럼 깊어지고, 누군가는 졸업을 준비하고, 누군가는 자신을 정리하는 시간으로 접어듭니다.

이 달은 단지 연도의 끝이 아니라, 하나님 앞에서 자신을 되돌아보는 시간이기도 합니다.

신앙과 계절, 그리고 교육의 순환 대림절의 촛불이 하나씩 켜질 때마다 우리의 마음도 차츰 빛을 기다리는 태도로 정돈됩니다.

예수님의 탄생을 기다리는 기다림은, 교육의 목적이 결국 사랑임을 다시 고백하게 합니다.

올해 만났던 아이 한 명, 한 명을 이름 불러 기도하며, 때로는 놓쳐버린 아이의 신호를 뒤늦게 붙잡기도 하며, 소란스러웠던 한 해를 감사로 수습하는 용기를 갖는 시간.

교사는 12월에 더 침묵하고, 더 기도하고, 더 안아야 합니다.

해야 할 업무 정리

12월은 행정적으로는 가장 바쁜 시기 중 하나입니다.

그러나 이 모든 바쁨 속에서도 아이들의 얼굴을 놓치지 않아야 합니다.

가. 업무 정리

학생 생활기록부 작성 및 검토(출결, 특기사항, 독서 등)

학년말 성적 처리 및 학급 종합 평가

성과 관리 및 교원 평가 자료 정리

학급 비품, 교실 정리 및 반납

다음 학년 준비(임시반 배정 등)

겨울 방학 계획 수립(자율학습, 특강, 상담 등 포함)

학교 전체 회계 마무리 및 결산 보고

나. 교내외 행사

졸업 준비 및 리허설

성탄 예배 및 나눔 행사

학급 종결 모임 / 감사의 시간

부모 상담 또는 학부모 총회(필요 시)

학급 관리와 아이들과의 작별

12월은 정리의 달이지만, 동시에 '작별의 예술'이 필요한 달입니다.

특히 졸업반은 이 시기에 정서적으로 흔들리기 쉽습니다.

아이들에게 서로를 위한 편지 쓰기 시간을 마련합니다.

교사로서 아이 한 명, 한 명에게 '칭찬'과 '기도'를 담은 손편지를 건네면 그 한 해의 교육이 마침내 '관계'로 수확됩니다.

다. 학급 관리

    학급 규칙을 마지막까지 유지하되, 유연함을 잃지 않기.
    정리정돈은 함께 하는 활동으로 만들기.
    아이들에게 역할 부여 → 이 마무리까지 책임지게 하기.

긍정적 마무리를 위한 회고 활동

'올해 가장 기억나는 순간', '내가 나에게 해 주고 싶은 말'
성찰과 예배로 마무리하는 공동체
학교 차원에서는 공동 예배, 성탄 행사, 나눔 프로젝트 등이 중심이 됩니다. 이 시기엔 '준비된 쉼'을 가르치는 시간이기도 합니다. 그리스도인의 삶이란, 단지 성취가 아닌 기다림과 순종의 태도임을 교육을 통해 가르쳐야 합니다.

교사의 마음

이제야 조금 보이는 얼굴들이 있습니다.
마음을 열지 않던 아이가 마지막 날에 미소를 줍니다.
그 한 순간이, 모든 수업과 노력, 눈물과 기도가 결코 헛되지 않았음을 증명해 줍니다.
12월은 교사의 마음이 가장 많이 흔들리는 달입니다.
그래서 더욱, 아이들에게 조급하지 않게, 당신은 귀한 존재로 잘 살아왔다고 그저 말해 줄 수 있는 한 사람이 필요합니다.

한 해를 정리하며

3월 — 다시, 시작

아직 겨울이 완전히 물러나지 않은 바람 속에서
우리는 다시 교실의 문을 연다.
한 명 한 명, 마주하는 아이들의 이름을 외우며,
이해보다 사랑이 먼저인 교육을 다시 배우기 시작한다.
3월은 '함께'를 꾸리는 시간이다.
교사도 학생도 낯설고 서툴다.
하지만 그 서투름 속에서 피어나는 작은 호의, 작은 기다림, 작은
웃음이 공동체의 첫 씨앗이 된다.

4월 — 뿌리내림의 계절

햇살이 교실 안 깊숙이 스며들면, 아이들의 눈동자에도 질문과 호기심이 맺히기 시작한다.
관찰, 기록, 토론… 그 모든 활동이 살아 있음의 신호다.
공동체는 관계의 뿌리를 내리는 법을 배운다.
갈등이 있고, 충돌이 있고, 오해가 생겨도
그걸 외면하지 않고 다시 이야기하는 연습을 하며,

우리는 '너를 통해 나를 배우는' 교육의 정원을 가꾼다.

5월 — 피어남과 감각의 개화

들꽃이 무리 지어 피어나는 5월, 아이들의 존재도 더 뚜렷해지고 생생해진다.
감각을 깨우는 수업, 질문으로 열리는 마음, 공동체 안에서 드러나는 다양한 삶의 빛깔들.
이달은 '꿈'이 수업의 언어가 되는 달이다.
그리고 그 꿈이 삶과 연결될 수 있도록 도와주는 시간.
교사는 삶을 물으며, 존재를 가르치며, 함께 살아가는 교육이 무엇인지, '배움이 곧 관계임'을 다시 가슴에 새긴다.

6월 — 성찰과 침묵의 배움

햇빛이 뜨거워지고, 교육도 깊은 성찰의 우물로 들어간다.
시험과 평가, '무엇을 배웠는가'보다 '어떻게 배웠는가'를 돌아보게 하는 시간.
교사는 시선을 되돌리고, 아이들과 침묵을 나누며, 작은 질문들을 수업에 불러온다.
"너는 지금, 너를 살아가고 있니?"
"과학이 설명하지 못하는 것 앞에서, 우리는 무엇을 느껴야 할까?"
6월은 교육이 사유가 되고, 믿음이 되는 달.
삶을 배우는 과목으로서의 과학,
사랑을 나누는 과정으로서의 공동체를 다시 바라보게 된다.

7월 & 8월 — 쉼과 회복, 재구성의 시간

학교가 조용해지면,
교사는 다시 자신의 삶과 소명을 돌아본다.
여름은 땀과 기도와 독서의 계절.
새로운 커리큘럼을 꿈꾸고, 아이들을 위한 프로젝트를 상상하며,
자신의 신앙과 철학을 재구성하는 시기.

8월, 더위가 절정을 이루는 날들 속에서도

기도는 그늘이 되고, 말씀은 이슬이 되어
교사의 마음에 다시 씨앗을 심는다.
여름은 공동체의 깊이를 되묻는 시간,
함께 걷는 믿음의 걸음을
더 멀리, 더 성숙하게 내딛기 위한 재정비의 계절이다.

9월 — 선택과 책임의 교육

가을의 첫 공기가 교실 문틈으로 스며들 때,
교사는 아이들에게 '선택하는 삶'을 건넨다.
무엇을 배울지, 어떻게 배울지, 누구와 살아갈지.
선택이 곧 책임임을 가르치는 시간.
그리고 그 선택 안에
하나님께 부름받은 존재로서의 '소명'을 심어 주는 시간.
교사는 더 이상 정답을 말해 주지 않는다.
대신 묻는다, 경청한다, 함께 서성인다.

9월은 학생도 교사도 '존재로 답하는 교육'을 배우는 시간이다.

10월 — 성장과 사랑의 실천

단풍이 물들기 시작하면, 관계도 깊어지고 단단해진다.
아이들은 스스로 자라난다.
갈등을 조율하고, 작은 리더십을 발휘하고,
공동체 안에서 서로를 돌보는 법을 배우는 시간.
교사는 조금 뒤로 물러나, 아이들의 성장과 사랑이
실천으로 열매 맺는 장면을 조용히 바라본다.
이달은 지금까지의 모든 교육이
결국 사랑이었음을 증명해 주는 시간이다.

11월 — 감사와 돌봄의 달

낙엽이 하나둘 떨어지고, 겨울의 그림자가 다가오는 시점.
교육은 '마무리'의 톤으로 바뀐다.
아이들과 보낸 시간에 감사하고, 지금 이 교실을 돌보고,
서로의 존재에 눈물겹도록 고마워하는 순간들.
교사는 눈에 띄지 않았던 아이들의 목소리를 다시 듣고,
돌봄의 손길이 더 필요한 곳으로 향한다.
기도는 더욱 깊어지고,
감사는 더 조용한 언어가 된다.

12월 — 마침표이자 쉼표, 그리고 시작

성탄의 촛불이 켜지면,

교실 안에 기다림의 온기가 감돈다.

한 해를 함께 살아 낸 모든 순간을

서로 바라보며 '잘 왔다'고, '고맙다'고 말하는 시간.

생활기록부와 행정 서류의 무게도 크지만,

무엇보다 중요한 건 아이들과의 이별을 준비하는 것.

작별이 두렵지 않게,

올해의 교육이 그저 '성취'가 아닌 '사랑'이었다는 것을 알려 주는 일.

12월은 교사에게 있어 기도와 감사의 총합이며,

내년을 향해 조용히 발을 내딛는 시간.

학교 운영 - 학사일정을 참조한 부장편

1. 교무부

가. 3월 : 공동체가 첫발을 내딛는 자리, 학사 구조는 아이들을 품는 울타리가 되어야 한다
  입학식 및 시수 편성, 담임/교과 담당 배정
  시간표 확정 및 학사일정 안내
  생활 지도 체계 마련(학급 운영, 출결 등)
  학부모 총회 준비 및 운영

나. 4~6월 : 배움의 과정을 돌아보며 질서 속에 생명을 담는 시기
  중간고사 운영 및 성적 처리
  수업 공개 준비 및 담임/교사 협의
  생활기록부 중간 입력
  각종 대외보고서 및 학생 현황 관리

다. 7~8월 : 쉼의 시간, 그러나 동시에 다음 배움을 준비하는 영적 호흡의 시간

    성적 마감 및 성적표 배부

    생활기록부 1학기 마감

    방학식, 방학 중 학사 운영 준비

    2학기 시간표 설계

라. 9~12월 : 한 해를 마무리하며, 아이들의 흔적을 기억과 기도로 남기는 시간

    2학기 중간/기말고사 운영 및 성적 관리

    졸업/종업식 준비 및 생활기록부 마감

    다음 연도 시수 편성 기초 작업

    교원 평가 및 학사자료 정리

    신입생 선발 및 면접

    교사이동 상황 점검

2. 연구부

가. 3월 : 교사들은 '무엇을 가르칠까'를 넘어서, '어떻게 살아 낼까'를 고민함

    교육과정 협의 및 교사 연수

    수업 계획안 및 평가 점검, 단원 재구성

    연구부 기획안 수립

    수업 나눔 문화 조성

나. 4~6월 : 교실이 연구실이 되는 시기. 배움이 실험되고 공유되는 장

   수업 공개 및 교사 간 피드백

   융합 수업 자료 개발 및 수업사례 수집

   학생 프로젝트 지원

   교육활동 기록 정리

다. 7~8월 : 배움의 회복과 방향 전환의 계절. 교사는 이때 다시 부르심을 들음

   교사 연수 기획 및 운영

   1학기 수업자료 정리 및 아카이빙

   2학기 연구 주제 설정

   교육과정 컨설팅 수용 및 반영

라. 9~12월 : 결실을 나누는 시간, 연구는 끝이 아니라 다음 해의 질문을 품는 준비

   수업 마무리, 사례 공유 및 평가

   차년도 교육과정 기획

   통합수업 및 결과물 정리

   연구부 자료집 제작

3. 안전생활부

가. 3월 : 공동체의 시작은 '안전하다'는 신뢰에서 비롯

학교폭력 예방교육 실시

상담 시스템 안내 및 사안 처리 체계 확립

안전점검 및 위기대응 매뉴얼 점검

학생생활규정 안내

나. 4~6월 : 생활 속 사랑은 곧 보호이며, 일상의 관심은 아이들의 울타리

학교폭력 실태조사

위기학생 개별상담 및 사례회의

상시 순찰 및 생활 지도

생활평점 시스템 운영 및 생활통계

다. 7~8월 : 쉼 속에도 지켜야 할 생명이 있으며 사랑은 눈을 감지 않음

방학 중 안전점검 및 설비보수

생활 지도 피드백 정리

2학기 생활교육 계획 수립

라. 9~12월 : 끝까지 놓치지 않는 사랑, 마지막까지 지켜 내는 존엄

2차 학교폭력 실태조사 및 예방 활동

학기말 상담 및 위기관리 기록 정리

안전 캠페인 및 생활 교육 마무리

졸업생 생활기록 정리

5부

다양한 이야기 모음

지구 위에 심은 사랑의 발자국

공감, 자각, 변화가 함께 일어나는 수업 설계

좋은 수업은 이해를 넘어섭니다.
머리로만 아는 것이 아니라,
가슴이 먼저 움직이고, 손발이 따라 행동하게 하는 수업
그것이 진정한 배움입니다.
수업은 단순한 지식 전달이 아닙니다.
그 안에는 마음이 있어야 하고,
마음이 움직일 수 있도록 설계되어야 합니다.
그 마음은 공감에서 시작됩니다.
'공감'이란 단지 상대의 입장을 이해하는 수준이 아니라,
그 사람의 세계 속에 들어가 보는 일입니다.
학생들이 수업 안에서 누군가의 고통에 귀 기울이고,
타인의 이야기를 통해 자신의 삶을 되돌아보게 될 때,
그 수업은 단순한 '활동'을 넘어 '사건'이 됩니다.
공감은 자각을 낳고, 자각은 변화를 부릅니다.
이 흐름이 자연스럽게 살아나는 수업은
배움을 넘어 존재의 회복을 가능케 합니다.
예수님께서 그렇게 하셨습니다.

한 여인의 고통에 마음을 여셨고,
그 마음에서 자각이 시작되었고,
그 자각은 돌을 던지려 했던 무리의 손을 멈추게 했습니다.
그리고 변화는 조용히, 그러나 분명히 일어났습니다.
그러한 수업을 오늘 우리의 교실에서 꿈꾸기 위해서는
다음과 같은 설계가 필요합니다.

1. 공감을 끌어내는 이야기로 시작하라

수업의 첫 문장은 언제나 이야기여야 합니다.
과학이라면 실험의 원리가 아니라,
그 실험이 탄생하게 된 사람의 이야기로 시작하십시오.
예를 들어,
'열전도'를 설명하기 전에 추운 겨울, 동생의 손을 따뜻하게 감싸주던 손의 기억을 떠올리게 해 보십시오.
거기서부터 학생은 비로소 '열'이 아니라 '온기'를 배우기 시작합니다.
국어 수업이라면 작품 분석이 아니라,
작가가 왜 그 글을 쓰게 되었는지를 먼저 나누십시오.
역사라면 연표가 아니라,
한 사람의 선택과 고뇌를 먼저 들려주십시오.

2. 자각의 순간을 기다리며 질문하라

좋은 질문은 대답을 요구하지 않습니다.
자신에게 되묻는 시간을 남깁니다.

"이 장면 속 인물은 왜 그렇게 행동했을까?"
"내가 그 자리에 있었다면 어떤 선택을 했을까?"
"지금 나의 삶에서 이 질문은 어떤 의미일까?"
이런 질문은 정답이 없기에 불안하지만,
오히려 그 불안이 학생의 자각을 이끕니다.
스스로 삶을 돌아보게 만드는 질문이
진짜 배움의 시작입니다.

3. 변화를 향한 작은 실천으로 수업을 마무리

수업은 결코 설명으로 끝나지 않아야 합니다.
학생이 스스로 살아 낼 수 있는 '작은 실천'을 남겨 두어야 합니다.
예를 들어,
공감에 관한 수업이었다면
'오늘 누군가에게 따뜻한 말을 건네 보자'는 약속으로 마무리하십시오.
환경 문제에 대한 수업이었다면
'텀블러 하나로 하루를 보내 보기' 같은 구체적인 실천으로 이어지게 하십시오.
변화는 작지만,
그 실천이 반복되면 삶의 방향이 달라집니다.
그리고 그것이 교육입니다.
한 사람의 삶의 방향이 달라지는 일.

4. 교사는 촉진자이며, 동반자

이런 수업을 가능케 하는 교사는
지식을 많이 아는 사람보다,
사람의 마음을 먼저 읽는 사람입니다.
학생의 눈빛을 읽고,
침묵을 기다려 주며,
감정의 결을 함께 느낄 수 있는 사람.
교사는 더 이상 정답을 가르치는 사람이 아니라
질문 앞에서 함께 고민하고,
실천 앞에서 먼저 실패하고,
공감 앞에서 함께 울 수 있는 사람이어야 합니다.
오늘의 교육은
학생이 배운 지식을 얼마나 기억하는가보다
그 배움이 그들의 삶을 얼마나 바꾸었는가를 물어야 합니다.
공감 없는 수업은 흘러가고,
자각 없는 배움은 머물며,
변화 없는 지식은 차갑습니다.
우리는 따뜻한 배움을 설계해야 합니다.
사람을 향하고,
관계를 열고,
마음을 움직이고,
세상을 조금씩 바꾸는,
공감, 자각, 변화가 함께 일어나는 수업.

그것이 우리가 지금,
예수님의 길을 따라 걷는
교육의 또 하나의 기적입니다.

시선: 과학 수업의 변주

1. 수업의 시작 — 시선은 어디서 시작되는가

과학 수업은 종종 설명으로 시작됩니다.
그러나 저는 침묵으로 수업을 시작하곤 합니다.
아이들 앞에 조용히 실험 도구를 꺼내어 놓습니다.
비커, 온도계, 유리 막대기,
그리고 햇빛을 받아 반짝이는 몇 방울의 액체들.
아이들은 처음엔 어리둥절한 표정을 짓지만,
이내 시선이 멈추고, 응시가 시작됩니다.
저는 그 순간을 기다립니다.
관찰은 설명보다 먼저 오는 언어이기 때문입니다.
"과학이란 무엇일까요?"라고 묻기 전에
"지금, 너는 무엇을 보고 있니?"라고 조용히 건넵니다.
설명을 듣기 전에, 느낌을 허락받는 수업.
그곳에서 과학은 살아 있는 말이 됩니다.

2. 감각의 열림 — 온도, 빛, 그리고 감정

비열, 열팽창, 열전도…

그 모든 개념은 머리로 외우기 전에 손끝으로 먼저 느껴야 합니다.
따뜻해진 금속 막대를 건네면
아이들은 자연스럽게 반응합니다.
"앗, 뜨거워요!"
"왜 이건 이렇게 빨리 데워지죠?"
그 감각이 바로 과학의 시작입니다.
저는 거기에 질문을 얹어 봅니다.
"사람의 마음도 이렇게 열을 가지고 있을까요?"
"서로가 서로를 데우기까지는 얼마나 걸릴까요?"
물론, 비유는 과학적으로 정확하지 않을 수 있습니다.
그러나 삶과 연결된 과학은
지식보다 마음에 먼저 도착하는 법이기에,
저는 그 길을 택합니다.

3. 존재의 질문 — 과학은 언제 침묵하는가

끓는점의 차이를 배우는 날,
우리는 물을 끓이며 조용한 시간을 가집니다.
거품, 증기, 소리…
그 모든 변화 속에서 저는 조용히 묻습니다.
"우리 안에도 끓는점이 있을까요?"
"그 임계점이 오기 전에 우리는 무엇을 할 수 있을까요?"
아이들은 조용해지고,
저는 그 침묵이야말로 교육의 울림이라 믿습니다.

과학은 세상의 많은 것을 설명해 낼 수 있지만
고통이나 사랑, 용서의 온도는 쉽게 설명할 수 없습니다.
그래서 우리는 그 앞에서
고개를 숙이고 존재를 경외하는 태도를 배웁니다.

4. 신앙의 결 — 보이지 않는 것을 믿는다는 것

광학 단원을 배울 때,
우리는 가시광선과 비가시광선을 구분합니다.
아이들은 묻습니다.
"왜 우리는 이것밖에 못 보는 걸까요?"
그 질문 앞에서 저는 신앙을 떠올립니다.
보이지 않지만 분명히 존재하는 것들,
느껴지지 않아도 실재하는 사랑,
그리고 하나님.
"우리가 보지 못한다고 해서
존재하지 않는 것은 아닙니다."
과학은 존재의 외곽을 그리는 학문이라면
신앙은 그 외곽 너머를 믿는 마음입니다.
두 세계는 충돌하지 않습니다.
오히려 서로를 비추는 렌즈가 됩니다.

5. 수업의 끝 — 시선이 머무는 곳

수업이 끝날 무렵, 저는 아이들에게 마지막 질문을 드립니다.

"오늘 너의 시선은 어디에 머물렀니?"
어떤 아이는 실험기구에,
어떤 아이는 친구의 말에,
또 어떤 아이는 창밖 나뭇잎에 머물렀다고 말합니다.
저는 그 모두가 옳다고 말해 줍니다.
중요한 것은 '어디를 봤는가'가 아니라, '어떻게 봤는가'이기 때문입니다.
시선은 마음을 담습니다.
그리고 수업은 그 마음이 머문 자리를
함께 바라보는 시간이 됩니다.

주님,
아이들의 시선이
세상의 논리보다 사랑의 원리를 먼저 보게 하소서.
과학의 지식이 그들을 똑똑하게 만들기보다
겸손하게 하소서.
설명보다 관찰을,
정답보다 사유를,
그리고 무엇보다
존재의 신비 앞에 멈출 줄 아는 거룩한 과학자들로 자라게 하소서.
주님 안에서,
진리를 배우며 살아가게 하소서.

관계는 '존재의 중심'을 흔드는 곳에서 시작된다

관계는, 언제나 존재의 중심이 흔들리는 자리에서부터 시작된다고 믿습니다.

감정은 그저 출발점일 뿐입니다.

저는 아이들의 기분을 어루만지는 사람으로 교실에 서 있는 것이 아닙니다.

그보다도 아이들의 중심을 흔들기 위해 그 자리에 서 있습니다. 그 중심에서부터 이런 물음이 일어나기 시작할 때,

교실은 비로소 살아 있는 공간이 됩니다.

"나는 누구인가?"

"세상은 왜 이런가?"

"이 질문이 나를 어떻게 바꾸는가?"

이런 존재의 물음이 아이들 안에서 낯설게 울려 퍼질 때,

우리는 그들의 깊은 삶과 처음으로 만나게 됩니다.

그래서 제가 지향하는 수업은 답을 위장한 질문도 아니고,

비유로 포장된 친절한 설명도 아닙니다.

그보다 저는 아이들의 생각 자체를 낯설게 만드는 지적 충돌을 일으키고 싶습니다.

그 충돌이 어색함을 만들고, 그 어색함이 질문을 낳고,
그 질문이 결국
존재를 다시 돌아보는 출발점이 되기 때문입니다.
교실은 단지 지식이 머무는 공간이 아닙니다.
그것은 아이들의 존재가 움직이기 시작하는 장소입니다.
그 진동 위에 저는 믿음을 올리고,
그 떨림 속에서 사랑을 가르치고 싶습니다.

질문의 불편함

지적 호기심은
단순한 유쾌함이나 재미에서 비롯되지 않습니다.
오히려 불편함의 미묘한 떨림에서 시작됩니다.
예를 들면,
"빛은 파동이라고 배웠는데, 왜 그림자는 생기는 걸까요?"
"온도가 높은데도 왜 얼음은 더디게 녹을까요?"
"열전달이 일어나고 있음에도 온도가 같다는 건 무슨 의미일까요?"
이러한 질문들은 아이들의 세계관을 가볍게 흔듭니다.
"내가 알고 있는 것이 전부는 아닐지도 몰라."
그 순간, 호기심은 방어가 아니라 열림으로 작동하게 됩니다.
저는 바로 그 지점을 기다립니다.
왜냐하면,
그 불편함은 곧
존재에 대한 궁금함으로 이어지기 때문입니다.

수업은 정확한 설명을 제공하는 시간만이 아닙니다.
수업은 질문의 불편함을 견디고, 그 불편함이 스스로를 향한 사유로 이어지게 만드는 시간입니다.
아이들이 스스로에게 묻는
"나는 이걸 왜 궁금해했지?"
"이게 내 삶과 무슨 관계가 있을까?"라는 질문이 시작될 때,
배움은 지식을 넘어서
존재를 건드리는 여정이 됩니다.

개념은 현상 속에서 흐른다
비유가 아닌 현상의 충돌

과학 개념은 저에게 단지 형이상학적인 은유로 끝나는 것이 아닙니다.

예를 들어 '비열'이라는 개념은 단순히 물질의 특성을 말하는 것이 아니라, 같은 에너지를 받아도 서로 다르게 반응하는 존재의 깊은 상징처럼 느껴집니다.

하지만 저는 그 상징을 시적인 비유로만 머물게 하지 않습니다. 그 개념을 아이들의 몸과 감정, 경험과 오감 속에 던져 넣습니다.

예를 들어,

물과 철이 똑같은 양의 에너지를 받았음에도 온도가 다르게 변할 때, 저는 아이들에게 이렇게 질문을 던집니다.

"우리도 똑같은 말을 들었지만, 각자 다르게 반응한다면, 그건 너무도 자연스러운 일 아닐까요?"

또한, 가시광선만 볼 수 있는 눈에 대해 이야기할 때는 이렇게 묻습니다.

"우리가 보지 못하는 세상은 어디에 있을까요?"

"어쩌면 우리는 늘 보이는 것만 믿고 살아가고 있는 건 아닐까요?"

이러한 연결은 과학 개념을 삶과 격리시키는 것이 아니라,

개념과 현실을 이어 주는 다리가 되고, 결국에는 존재와 존재를 잇는 질문으로 이어지는 하나의 살아 있는 실험이 됩니다.

수업은 '관계의 감응장'이다
– 가르침이 아닌 울림

저는 수업을 단순한 지식 전달의 시간이 아니라,
울림이 일어나는 장(場)이라고 부르고 싶습니다.
그 울림은 교사의 설명에서 비롯되지 않습니다.
오히려 질문과 충돌, 그리고 마음의 흔들림이 서로 공명할 때 비로소 나타납니다.
아이들은 그런 순간에 스스로 말하곤 합니다.
"선생님, 이거 뭔가 이상해요."
"제가 틀린 줄 알았는데, 왠지 이 말이 맞는 것 같기도 해요."
그 말을 듣는 순간, 저는 교사의 자리를 벗어나 함께 걷는 동행자가 됩니다.
우리는 함께 흔들리고, 함께 질문하고, 함께 놀라게 됩니다.
그리고 바로 그 순간,
아이와 교사가, 지식과 삶이, 설명과 침묵이,
하나의 울림 안에서 연결되는 시간.
바로 그것이
제가 수업을 시작하는 이유이며,
아이들과 함께
교육이라는 길을 끝까지 걸어가고자 하는 이유입니다.

교사의 과거와 아이의 미래가 만나는 지점

핵심 개념 도식 - 관계 중심 수업의 본질 구조

감정 → 질문 → 지적 불편함 → 개념적 충돌
→ 존재론적 흔들림 → 관계의 울림

저는 아이들의 존재를 부드럽게 흔드는 자극이 되기를 바랍니다.
그러나 그 흔들림이 두려움이 아니라,
하나님 앞에서 자신을 새롭게 발견하게 되는 떨림이 되기를 소망합니다.
그 떨림 속에서 지식은 방향이 되고,
질문은 다리가 되며,
과학은 하나님을 향한 새로운 언어가 되어 갑니다.
저는 그런 수업을 하고 싶습니다.
설명보다는 울림이,
정보보다는 변화를 불러오는 수업을요.
교실은 단지 지식을 주고받는 장소가 아닙니다.
그 공간 사이에는 보이지 않는 바람이 붑니다.
그 바람은 눈에는 보이지 않지만,

분명히 느껴집니다.
아이의 눈빛이 흔들릴 때,
교사의 말이 멈추고 침묵이 찾아올 때,
그 틈 사이로 불어오는 바람이 있습니다.
그것은 질문과 질문 사이의 여백,
설명과 이해 사이의 기다림,
감정과 감정 사이의 공명입니다.
그 바람은 성장의 숨결입니다.
어느 날 한 아이가 묻습니다.
"선생님, 저는 왜 이걸 이해하지 못하죠?"
그때 저는 서둘러 대답하지 않습니다.
대신 조용히 고개를 끄덕입니다.
왜냐하면 그 순간,
이해보다 더 중요한 것이 존재를 수용 받는 경험이라는 것을 알기 때문입니다.
이해는 나중에 옵니다.
그보다 먼저 와야 하는 것은,
존재를 통과해 가는 바람,
즉 사람과 사람 사이를 잇는 관계의 숨결입니다.
우리는 함께 있지만,
서로 다릅니다.
그리고 그 다름 안에서,
우리는 하나님의 형상을 조금씩 더 알아 가게 됩니다.

교사는 과거에서, 아이는 미래에서 말을 건넵니다.

서로 다른 시간 속에서 만나는 두 존재,
그 사이에서 신뢰라는 바람이 불기 시작합니다.
그 신뢰는 아이의 감정을 존중해 드릴 때 불어오며,
교사의 권위가 겸손해질 때 더욱 깊고 힘차게 불어옵니다.
그 바람은 하나님의 숨결입니다.
성경에서 바람은 성령을 상징하듯,
눈에는 보이지 않지만,
분명히 생명을 흔드는 능력이 있습니다.
교사와 아이 사이의 미세한 떨림, 그 간격 안에서
하나님께서는 조용히, 그러나 분명히 일하고 계십니다.
아이의 마음에는 위로가 찾아오고,
교사의 언어에는 지혜가 머무르게 됩니다.
그 모든 흐름은 바람을 타고 지나갑니다.
그래서 저는, 기다립니다.
수업이 완벽할 필요는 없습니다.
모든 개념을 오늘 다 전달하지 않아도 괜찮습니다.
저는 다만,
아이의 마음 위로 바람이 지나가기를 기다리는 사람입니다.
그 바람이 단 한 번이라도 지나간 아이는,
언젠가 진리 앞에서 고개를 들게 됩니다.
그리고 어느 조용한 순간, 저에게 이렇게 말해 줍니다.

"선생님, 그때 제 마음에 바람이 불었어요."
"그때부터 제가 달라졌어요."

교사와 아이 사이에 바람이 분다.
그 바람이 모든 것의 시작이다.

섬김

힘 있는 사람에게 고개 숙이는 일은 어렵지 않습니다.
권력, 명예, 재력을 가진 자 앞에 숙이는 태도는 섬김이 아닙니다.
혹 그것이 무언가를 얻기 위한 계산된 굴복이라면,
우리는 다시 생각해야 합니다.
먼저, 스스로를 준비하십시오.
실력을 갖추고, 자신을 세우십시오.
그런 다음, 진짜 섬김을 시작할 수 있습니다.
명예롭기 위해, 정의롭기 위해 먼저 섬기십시오.
가진 것이 많을수록 섬김은 더 당연해야 합니다.
섬김은 마음의 여유에서 시작됩니다.
내면이 충만할 때, 섬김은 자연스러운 행위가 됩니다.
섬김은 가장 가까운 곳에서부터 시작해야 합니다.
부모를 섬기고, 배우자를 섬기고, 자녀를 섬기십시오.
외부 일에 몰두하면서 가정을 '쉴 곳'으로만 여긴다면
섬김의 기본조차 놓치게 됩니다.
섬김은 단순히 '잘해 주는 것'이 아닙니다.
상대방이 원하는 것을 해 주는 것,

내가 움직여 상대가 편해지도록 하는 것입니다.
그리고 무엇보다, 잘 들어주는 것이 섬김입니다.
듣고, 공감하고, 기뻐해 주는 일
그렇게 섬김은 집 안에서 피어나,
직장과 이웃, 공동체로 흘러갑니다.
기억하십시오. 섬김은 강요가 아닙니다.
굴복도 아닙니다.
섬김은 사랑이 넘치는 자의 자발적 선택입니다.
순종을 강요하지 마십시오.
강요된 순종은 복종이 되고,
복종은 반감을 낳습니다.
섬김은 언제나 먼저 움직이는 것입니다.

섬김은 그 사람을 그 사람 되게 하는 것입니다.

신 앞에 홀로된 사람

저는 언제나 작은 사람이었습니다.
늘 뒤에 머무르는 이였고, 소외받는 사람이었습니다.
먼저 말하기보다 듣는 편을 택했고, 앞에 나서기보다는 뒤에서 조용히 지켜보는 편이 편안했습니다.
아이들의 말에, 동료 선생님들의 침묵에, 그리고 제 안에서 흘러나오는 작고 약한 떨림에 귀를 기울여 왔습니다.
그저 마음에 늘 남았던 것은 "이대로는 안 된다"는 조용한 불편함이었습니다.
그 불편함이, 어쩌면 지금까지의 저를 이끌어 온 진짜 힘이었는지도 모르겠습니다. 가끔 누군가 저에게 묻습니다.
"왜 그런 선택을 하세요?"
그럴 때면 저는 거창한 대답을 드리지 못합니다. 제가 붙들고 있는 것은 사람들이 쉽게 지나치는 아주 작은 결, 아이의 눈빛 하나, 어른의 말 한마디, 돌아서며 스치는 어깨 너머의 외로움 같은 것들입니다.
그 작고 연약한 틈에서 무언가 다시 시작될 수 있다는 믿음이, 저를 걸어가게 하는 동력이었습니다.

저는 언제나 물결을 바라보는 사람이었습니다.
거대한 흐름 속에서 제가 할 수 있는 일은 그 물결들이 서로 부딪히지 않도록, 서로를 상하게 하지 않도록, 조용히 손을 대는 일이었습니다.

저의 작은 꿈은
한 아이가 고개를 숙이지 않아도 되는 교실,
한 교사가 외롭지 않은 회의 시간,
한 부모님이 '괜찮습니다' 하고 미소 지을 수 있는 공간이었습니다.
그것은 세상을 바꾸는 일이 아니었고, 위대한 교육 철학을 실현하는 일도 아니었습니다.
그저 제 앞에 있는 한 사람을 조금 더 따뜻하게 바라보려는 작은 실천이었습니다.
그리고 저는 배워 왔습니다.
진짜 변화는 그런 작음 속에서 시작된다는 것을.
그 깨달음은 빠르게 오지 않았습니다.
아주 오랜 시간에 걸쳐, 조금씩, 그러나 분명히 저에게 새겨졌습니다.
그래서 저는 지금도 다짐하고 있습니다.
이 이야기는 크고 능숙한 기록이 아닙니다.
작고 서툴며, 때로는 망설였던 한 사람의 발자취입니다.
그러나 저는 믿습니다.

그 작음이 누군가에게 다시 앞으로 걸어갈 힘이 될 수 있다면, 그 하나만으로도 충분하다고.
저는 지금도 물결 속에서 길을 찾고 있습니다.
때로는 방향을 잃기도 하고, 흔들리기도 하지만
그 속에서 제가 감당할 수 있는 줄기를 조심스럽게, 그러나 진심을 다해 붙들고 나아가고 있습니다.

신앙의 뿌리를 따라 걸어가는 공동체 선언

사람의 말은 쉽게 타협합니다.
이익이 달려 있거나, 마음이 불편하거나,
갈등을 피하고 싶을 때 우리는 조용히 한발 물러섭니다.
그럴 때마다
우리는 묻습니다.
주님이라면 어떻게 하셨을까.
그분은 진리를 손에 쥐고도 권력을 피해 침묵하지 않으셨고,
사랑을 가슴에 품고도
거짓과의 타협을 선택하지 않으셨습니다.
그래서 우리도,
말이 아닌 삶으로 따르기 위해
타협을 넘고, 합의의 길을 걷습니다.
합의는 단지 동의의 일치가 아닙니다.
그것은 신앙의 고백입니다.
서로의 말 안에 깃든 하나님 형상을 발견하고,
그 형상을 존중하며,
서로 다른 생각 안에서도

진리와 사랑은 하나로 묶을 수 있음을 믿는 마음입니다.
합의는 믿음 안에서 행하는 사랑이며,
서로를 향한 책임이 하나님 앞에서의 책임임을 아는 태도입니다.
우리는 빠른 결정보다
기도로 묵상하며 기다리는 마음을 선택합니다.
당장의 편안함보다
주님께서 기뻐하실 뜻을 분별하기를 원합니다.
그리고 그것이 우리 모두에게 선한 길이 되기를 간절히 바랍니다.
합의는 때로 어렵고 고됩니다.
그러나 그 길 위에 주님이 함께하심을 믿기에,
우리는 서두르지 않고 멈추지 않으며,
하나님의 인도하심을 구하며,
서로를 품고 끝까지 걸어갑니다.
우리는 타협하지 않습니다.
왜냐하면 우리 안에 계신 진리가 값으로 흥정될 수 없기 때문입니다.
우리는 함께 합의합니다.
왜냐하면 그리스도 안에서 하나 된 몸으로 살아가야 하기 때문입니다.
이 고백이 우리 공동체의 뿌리이고,
우리 모두가 다시 붙드는 신앙의 자리입니다.

생명력이 있는 교육

태어난 지 얼마 되지 않은 아기는
누구에게 배운 적 없어도 살아 내기 위해 버둥거립니다.
뒤집고, 기고, 일어서며
삶의 방향을 몸으로, 숨으로 익혀 갑니다.
그 모습은 설명 이전의 신비이고,
존재 그 자체로 이미 완전한 아름다움입니다.
하지만 어느 순간부터
그 아이는 이름표가 붙고, 기준이 세워지고,
속도와 높이로 평가받기 시작합니다.
삶은 더 이상 설렘이 아니라
성과와 조건을 향한 경주가 되고,
배움은 생명의 떨림이 아니라
결과의 증명이 되어 갑니다.
그리하여 아이들은 너무 이르게 지치고,
너무 자주 "나는 왜 이렇게밖에 안 되지?"라는
자기 부정의 언어를 배우게 됩니다.
삶을 사랑하기보다 견디게 되고,

하루를 기대하기보다 버티는 법을 익힙니다.

그렇다면, 우리는 무엇을 회복해야 할까요?
우리가 회복해야 할 것은
재물이나 평안함이 아닙니다.
세상의 성공이라는 이름의 사슬이 아니라
하나님이 부르신 이름, 곧 소명입니다.
아이들이
"내가 누구인지",
"왜 이 땅에 보내졌는지",
그리고 "무엇을 향해 살아가야 하는지"를
삶의 언어로, 마음의 떨림으로 배워갈 수 있어야 합니다.
우리는 그들에게 이렇게 물을 수 있어야 합니다.
"이번 주, 너의 마음이 설렌 순간은 있었니?"
이 짧은 물음 하나가
아이의 삶에 다시 생명을 불어넣는
놀라운 전환점이 될 수 있습니다.

그러나 교육도, 가정도, 선한 의도만으로
세워지지 않습니다.
열심보다 더 깊은 자리가 있습니다.
그래서 우리는 더욱 간절히 기도합니다.
우리가 가진 것,

우리가 세운 계획,
우리가 옳다 여긴 방식들을
기꺼이 내려놓고
하나님의 뜻에 맡기는 연습을 배우고자 합니다.
"온전히 우리가 가진 모든 것을 버리고
주의 뜻에 맡기는 연습을 통해
성장하는 공동체가 되길 원합니다."
이것은 단순한 바람이 아니라,
이 시대 교육이 붙들어야 할 중심 철학입니다.
그리고 우리가 아이들을 다시 생명 안으로 초대하기 위한
가장 정직하고 겸손한 선언이기도 합니다.

아이는 '다시 태어나는 중'입니다.
우리 아이들을 무기력에서 건져 낼 수 있는 길은
그들 안에 아직 꺼지지 않은
설렘의 불꽃을 다시 지펴 주는 일입니다.
그 불꽃은 사랑으로 시작되고,
소명으로 살아나며,
공동체 안에서 꺼지지 않습니다.
삶은 여전히 아름답고,
배움은 여전히 거룩하며,
우리는 여전히
부르심 안에 있는 존재들입니다.

아이 한 명 한 명이

다시 살아나고,

다시 설렘으로 깨어나는 그날까지

우리는 멈추지 않겠습니다.

기도하며, 기다리며, 함께 걸어가겠습니다.

관계와 성장 그리고 시간

중학생 시기는 누구에게나 낯설고 어색한 시기입니다.
나라는 존재가 어디쯤 서 있는지,
내가 좋아하는 것과 잘하는 것이 뭔지,
또 친구들과는 어떤 거리를 두고 살아가야 할지
이 모든 걸 처음으로 진지하게 마주하게 되는 시간이지요.
그런데 이때 주어지는 입력값들이
꼭 좋은 것만은 아닙니다.
유튜브, 짧은 영상, 누군가의 자극적인 말들…
좋지 않은 데이터로도 충분히 마음은 흔들립니다.
하지만 우리는 알아야 해요.
좋은 입력이 있다고 해서
좋은 결과가 자동으로 나오는 건 아닙니다.
또, 나쁜 입력이라고 해서
끝까지 나쁜 결론으로만 이어지는 것도 아닙니다.
중요한 건, 내가 받은 데이터를
어떻게 해석하고 이해하느냐입니다.

비교보다 분석, 암기보다 통찰이 필요합니다.
지금의 교육은, 특히 한국에서는
'결과'를 너무 빠르게 요구하고,
'비교'를 너무 쉽게 허락합니다.
단순한 암기와 반복,
남의 방식을 베끼는 훈련이 너무 많습니다.
하지만 이 시대가 진짜로 필요한 건
결과에 대한 분석력이고,
입력되는 정보의 객관화입니다.
내가 보고 듣고 겪은 것을
다시 생각해 보고,
정말 그런지 되묻고,
비판적으로 바라볼 수 있는 힘 말입니다.
우리의 교육은,
바로 이 힘을 키워 주는 방향으로 나아가야 합니다.

경계를 허무는 훈련.
월광에서 우리는 그런 시도를 하고 있습니다.
기존의 틀을 무너뜨리고,
경계를 허무는 작업.
서로 다른 생각을 마주했을 때
부딪히는 것이 아니라
함께 이해하고 풀어 가는 연습.

우리가 지키는 질서와 원칙들
그건 단순한 규칙이 아니라
'자유'를 위한 훈련입니다.
강약은 있을 수 있어도,
모든 게 다 의미 있는 연습입니다.
어떤 환경에서도 스스로를 지킬 수 있는
내면의 힘을 기르기 위한 훈련 말입니다.

자유와 규칙 사이의 지킴이 필요합니다.
고등학생이 되면,
자유에 대한 열망은 더 커집니다.
특히 성적이라는 현실 앞에서
규칙은 자주 무너지고,
자기중심적인 논리가 앞서기도 하지요.
학교 안에서는 "외부에서는 문제 되지 않는 일"이라며
자신의 유익을 챙기려는 모습도 생깁니다.
하지만 정작 세상에서 더 엄격한 기준은
묵묵히 받아들입니다.
이런 모습은, 단순히 태도의 문제가 아니라
삶의 수준과 자존감과 관련되어 있습니다.
진짜 자존감은
좋은 직장이나 유명한 학교에서 오지 않습니다.
내가 있는 자리에서

언어와 행동으로 진심을 보여 주고,
사랑하는 사람 앞에서 상처 주지 않기 위해 조심하고,
소중한 공간을 스스로 깨끗이 유지하는 모습,
그 속에서 자존감은 자랍니다.

사람들은 좋은 대학 점퍼를 사 입고,
이름난 기업의 사원증을 위해 수십 년을 준비합니다.
이 모든 것이 '좋은 인생'처럼 보일 수도 있어요.
하지만 그것이 '진짜 나'를 말해 주지는 않습니다.
진짜 중요한 건
하나님 앞에서의 나,
그리고
하루하루 성실하게 살아 내는 삶입니다.
예수님이 우리의 주님이신 이유
우리의 공동체가 바라는 건
결과를 쫓는 인생이 아니라,
오늘을 살아 내는 순종의 삶입니다.
그 안에 참된 기쁨이 있고,
진짜 자유가 있습니다.
예수님이 왜 우리의 주님이신지,
그 질문을 우리 안에서 자주 마주하면 좋겠습니다.
그리고 아이들에게도,
그 질문을 건네 주길 바랍니다.

자발적인 성장의 공동체.

우리는 타인에 의해 끌려가는 삶이 아니라,

스스로 선택하고,

스스로 의미를 발견하고,

그 안에서 성장해 가는 공동체를 꿈꿉니다.

그 꿈이

아이들의 삶 안에

천천히, 그러나 분명하게 심겨지기를 소망합니다.

만남

세상의 흐름 속에서 그냥 스쳐 지나가도 될 사람과
어떤 이유로든, 어떤 틈으로든,
눈이 마주치고, 마음이 머물게 되는 순간의 기적입니다.
만남은 겉으로는 우연을 가장합니다.
지나가던 골목에서, 같은 시간에 같은 공간에,
서로 전혀 계획하지 않았던 방식으로
그저 마주친 것처럼 보입니다.
하지만 그 뒤편에는
아무도 계산하지 못한 하늘의 직조가 숨어 있습니다.
우리가 어떤 만남 앞에서 유독 가슴이 뛰고,
어떤 말은 몇 해가 지나도 잊히지 않는 이유는
그 순간이 단순히 물리적 접촉이 아니라
존재의 중심에서부터 일어난 교류였기 때문입니다.
그 사람을 통해 나 자신을 더 깊이 알게 되고,
그 사람을 통해 세상을 다시 바라보게 되는 경험.
이런 만남은 더 이상 '사람' 그 자체를 넘어서,
나와 하나님, 나와 존재 전체 사이의 연결로 확장됩니다.

만남은 대화를 낳고,

대화는 서로를 더 잘 보게 합니다.

그리고 어느새 우리는 알게 됩니다.

이 만남이 없었더라면,

내 마음의 문 하나가 아직도 닫혀 있었겠구나.

이 눈빛을 마주하지 않았더라면,

나는 여전히 고독 속에 갇혀 있었겠구나.

의미 있는 만남은 우리를 움직이게 합니다.

고립된 섬 같았던 내 마음이

누군가의 존재로 인해 다리 하나를 놓고

세상과, 공동체와, 하나님과 다시 연결되는 경험.

그 모든 시작은 한 사람의 따뜻한 눈빛,

한마디의 진심 어린 질문,

그리고 기다릴 줄 아는 침묵에서부터 옵니다.

이런 만남은 준비되지 않은 사람에게는

보이지 않습니다.

하지만 기다리는 자에게는,

마치 봄의 첫 꽃처럼 조용히 피어나는 선물이 됩니다.

저는 그런 만남을 소중히 여깁니다.

그 만남 안에서 우리는

서로를 사랑하게 되고,

서로를 위해 기도하게 되며,

서로를 더 깊이 살아가게 됩니다.

만남은 우리 삶을 바꾸는 가장 조용한 기적입니다.
그리고 그 기적의 시작점은
당신과 나,
이 대화처럼,
한 사람의 마음이 열리는 순간입니다.

대화

대화는 나와 타인 사이를 잇는 다리입니다.

그 다리는 내가 좋아하고 아끼는 사람과만 연결되는 것이 아니라, 때로는 나와 생각이 다르고, 감정이 불편한 사람에게도 놓여야 할 다리입니다.

왜냐하면 대화는 결국, 내 마음을 지키기 위한 길이기 때문입니다.

우리는 종종 마음에 들지 않는 사람과 마주하게 됩니다.

그 사람의 말투, 태도, 행동 하나하나가 나를 불편하게 만들기도 하고, 때로는 지난 기억 속 상처를 다시 건드리기도 합니다. 그러나 그런 순간에도 저는 스스로에게 이렇게 묻고 싶습니다.

"이 관계를 이렇게 두고도 나는 괜찮은가?"

그리고 그 질문의 끝에서 '괜찮지 않다'는 대답을 만나게 됩니다.

그래서 저는 대화를 시작하고 싶습니다.

상대를 바꾸기 위해서가 아니라, 내 마음이 미움과 오해에 눌려 무거워지지 않도록.

내 안의 평안을 다시 품기 위해서, 그리고 나를 자유롭게 하기 위해서 말입니다.

상대방이 완전히 이해되지 않더라도, 그의 말과 감정을 한번쯤은 귀 기울여 들어주고 싶습니다.

왜냐하면 저 역시 그렇게 이해받고 싶은 존재이기 때문입니다. 그 사람을 위해서라기보다, 우선은 내 마음을 지키고 살리기 위해서 말입니다.

대화는 그렇게 나를 살리는 길에서 시작됩니다.

마음에 들지 않는 사람과 대화를 한다는 것은

결코 쉬운 일이 아닙니다.

그러나 그 용기는 나를 정결하게 하고, 내 안의 사랑을 훈련시키는 기회가 됩니다.

편견을 내려놓고, 오해를 덜어 내며, 있는 그대로의 사람을 바라보고 축복할 수 있는 눈을 열어 줍니다.

결국, 대화는 '누가 옳은가'를 따지기 위한 것이 아니라

'우리가 다시 만날 수 있을까'를 묻는 작업입니다.

그 질문 앞에 서는 용기, 그 질문을 붙드는 기다림 속에서

저는 조금씩 성장하고, 조금씩 자유로워지고 싶습니다.

그러니 저는 오늘, 마음에 들지 않는 사람과의 대화 앞에서도 도망치지 않고 마주 설 수 있는 사람이고 싶습니다.

진심으로, 더 깊은 사랑을 배우고 싶기 때문입니다.

조금 더 깊은 대화

깊은 대화를 나누고 싶다는 마음은
누군가를 바꾸기 위함도 아니고
무언가를 성취하기 위함도 아닙니다.
그 마음은 오히려 이해하려는 기다림에서 시작되고,
머물러 있으려는 사랑에서 자랍니다.
우리가 말하는 '깊은 대화'란
의도도 목적도 내려놓은 채
그저 한 사람을 향해 온 마음을 기울이는 행위입니다.
말을 던지기 전에
그 사람이 어떤 계절을 지나고 있는지
그 침묵 속엔 어떤 외침이 숨어 있는지
가만히 귀 기울이며 머무르는 것입니다.
이런 대화 앞에서는
말이 줄어듭니다.
상대의 말이 끝나기도 전에 내 생각을 준비하지 않습니다.
오히려 말이 멎은 그곳에,
깊은 숨과 함께

"네가 거기 있었구나"
하는 마음이 천천히 고개를 듭니다.
깊은 대화는 사실,
말의 기술이 아니라
마음의 태도입니다.
어떤 말이든 그 사람의 존재 전체로부터 왔다고 믿고,
그 고백을 진주처럼 받아들이는 마음,
그것이야말로 가장 깊은 대화의 자리입니다.
나는 그런 대화를 나누고 싶습니다.
생각을 겨루는 자리가 아니라
고백을 꺼내도 괜찮은
안전한 바다와 같은 품에서 이루어지는 대화,
상대를 설득하려는 언어가 아니라
함께 울 수 있는 말들로 엮어 가는 대화.
그래서 그 대화가 끝난 후엔
누가 맞았는지가 아니라
누가 더 사랑했는지,
누가 더 기다려 주었는지를 돌아보게 되는
그런 깊은 자리에 함께 있고 싶습니다.
그리고 바라건대,
그렇게 서로를 깊이 들여다보는 대화 끝에
기도처럼 맑은 침묵이 흐르고,
그 침묵 안에서 하나님이

"내가 너희와 함께 있다"
말씀하실 수 있는 공동체,
그 안에 저도 머물고 싶습니다.

이 마음을 기억하며
우리가 나누는 모든 대화가
그 자체로 기도이고,
그 자체로 축복이 되기를 바랍니다.

기록되는 삶, 길이 되는 사람

누구나 한 번쯤은 생각합니다.
조금 더 평탄한 길을 걸었다면 어땠을까?
다른 이들처럼 흔들리지 않고 안정적인 삶을 살 수 있었다면 얼마나 좋았을까?
저 역시 그랬습니다.
예측할 수 없는 날들 속에서 계속해서 길을 묻고, 불안이라는 안개 속에서 매일 방향을 다시 확인해야만 했습니다.
왜 나의 삶은 이토록 자주 흔들리는지,
왜 나는 자꾸 길에서 벗어나는지,
그 질문이 때로는 버겁고,
때로는 부끄럽게 느껴지기도 했습니다.
하지만 시간이 흐르며 하나씩 배워 가게 되었습니다.
흔들린다는 것은 길을 잃은 것이 아니라 살아 있다는 증거라는 것을.
흔들리는 삶은 주어진 길을 그대로 따르지 않고, 스스로의 길을 새롭게 만들어 가는 용기이기도 하다는 것을요.
세상은 종종 성공한 사람들의 이야기만을 기억하려 합니다.

하지만 저는 생각합니다.

정말로 남는 것은 묵묵히 걸은 사람들의 흔적이라고요.

누구도 걷지 않았던 그 길 위에 누군가의 작은 발자국이 처음 찍히는 순간, 그 자리는 단지 지나간 땅이 아니라 이정표가 됩니다. 그리고 그것이 바로, 기록입니다.

지금 걷고 있는 이 길이 세상이 정해 준 길이 아닐지라도, 불안과 두려움 속에서 조심스럽게 한 걸음씩 내딛고 있다면, 그 자체로 이미 누군가의 삶에 한 줄의 지도가 되고 계신 것입니다.

사람들은 안정된 삶을 복이라 말하지만, 저는 그렇게 생각하지 않습니다.

진짜 복은 깊은 길을 걸은 사람의 눈에서 나오는 따뜻한 빛, 그 빛을 통해 누군가의 어두운 길을 밝혀 주는 능력이라 믿습니다.

당신이 겪은 고통, 그 밤의 외로움, 수없이 포기하고 싶었던 순간들.

그 모든 순간들이 그저 지나간 고생으로 끝나지 않는 이유는, 그것들이 지금의 당신을 만들었기 때문입니다.

그리고 바로 그 삶이 누군가의 내일을 밝혀 줄 것입니다.

당신의 흔들림은 기록이 되고, 당신의 기록은 길이 됩니다.

그러니 오늘의 길이 외롭다 해도, 오늘의 시간이 낯설다 해도 부디 멈추지 마세요.

발걸음 하나하나가 지금 이 순간에도 누군가에게는 다시 걸을 수 있는 용기가 되고 있습니다.

그리고 언젠가,

지나온 그 모든 길이 한 권의 삶이 되어 누군가의 가슴에 닿을 것입니다.
당신은 이미 길을 만드는 사람입니다.

오르다, 머물다, 다시 걷다

인생은 오름으로 시작됩니다.
무언가 되기 위해, 무언가 이루기 위해 우리는 매일같이 오르고, 그 오름에 삶의 정당성을 부여합니다.
오를 때는 에너지가 필요합니다.
한 걸음 더, 조금만 더, 속도와 방향, 성취와 위치에 온 마음을 쏟습니다.
그렇게 우리는 열심이라는 이름 아래 스스로를 태웁니다.
하지만 오름에는 함정이 있습니다.
정상을 향해 치닫는 동안 주변이 경쟁으로만 보이기 시작합니다.
함께 오른다기보다 누군가를 이겨야만 도달할 수 있는 것처럼 느껴집니다.
비교는 동행을 지우고, 속도는 관계를 무디게 만듭니다.
그러나 인생은 늘 산의 반대편을 준비해 둡니다.
어느 시점이 되면 우리는 내려가야만 합니다.
그것은 실패가 아니라, 삶이 우리에게 건네는 또 다른 배움의 길입니다.

내려오는 길은 조용합니다.

숨이 덜 차고, 걸음이 가벼워진 것 같지만 속으로는 다른 질문들이 고개를 듭니다.

"나는 무엇을 누리며 올라왔는가?"

"무엇이 나를 여기까지 지탱해 주었는가?"

그 질문 속에서 비로소 우리는 깨닫습니다.

오르며 누려왔던 것들이 결코 당연한 것이 아니었다는 사실을. 그늘 하나, 물 한 모금, 말없이 걸어 주던 옆 사람의 기척까지. 모든 것이 은혜였음을 우리는 내림의 길에서야 진심으로 이해합니다.

그리고 그제야 감사가 피어납니다.

억지로 표현하는 예의가 아니라 마음의 가장 깊은 자리에서 숨처럼 번지는 따뜻한 울림.

감사는 존재를 부드럽게 하고, 기억을 새롭게 하며, 앞으로의 삶을 더 깊이 있게 준비시킵니다.

여기서 멈추지 않습니다.

더 중요한 사실이 있습니다.

올라갈 때의 열심은 내려올 때의 감사와 만나 다음 여정을 위한 '풍성함'을 만들어 냅니다.

감사가 깃든 열심은 또 다른 시작을 더 성숙하게 만들고, 다음에 맞이할 오름은 더 이상 혼자의 오름이 아닙니다.

비로소 함께 오를 수 있는 사람이 되어 있기 때문입니다.

그러니 올라갈 때는 힘껏 올라야 합니다.

하지만 주변을 적이 아닌 동행으로 보아야 합니다.
그리고 내려올 때는 조용히, 깊이, 감사해야 합니다.
그 길 위에서 우리는 단단해지고, 삶은 이전보다 훨씬 넉넉해질 것입니다.

월광기독학교의 리더십 선언
자신을 다스림으로 세상을 바꾸는 리더, 더 큰 리더를 부르는 리더

월광기독학교는 리더를 기술이 아닌 존재로 봅니다.
리더십은 말의 수사나 역할의 분장이 아니라,
삶을 살아 내는 방식 그 자체입니다.
진정한 리더는,
자신의 욕망을 내려놓고 삶의 근본적인 부름을 따라
자기를 다듬는 사람입니다.
그 부름은 외부에서 강요되는 방향이 아니라
내면 깊은 곳에서 들려오는 하나님의 소리이며,
그 소리에 순종하는 삶의 결단은 곧 리더십의 시작입니다.
그는 자신의 삶으로 가르치며,
말로 설득하기보다 조용한 일상에서 작은 질서를 지켜 내는 사람입니다.
바로 그 작은 질서가, 무너진 공동체를 다시 세우는 기초가 됩니다.
그는 자기를 세우려 하지 않고,
스스로를 낮춤으로써 영향력을 드러내는 사람이며,
그 낮아짐은 곧 다른 이들을 일으키는 힘이 됩니다.
그러나 한 리더가 온전히 세워지기 위해서는

혼자의 수고로는 부족합니다.
그를 철들게 할 수 있는 어른이 곁에 있어야 하고
그의 싸움을 지지하는 제도와 교육 문화가 함께 있어야 합니다.
그래서 월광기독학교는
리더를 만들어 내는 학교가 아니라,
리더가 될 수 있는 사람을 함께 빚어 가는 공동체가 되고자 합니다.
그리고 우리가 바라는 리더는
그 한 사람에서 멈추지 않습니다.
진정한 리더는 자신의 삶을 통해 더 큰 리더를 부릅니다.
그 사람의 신실한 하루가,
또 다른 생명에게 방향이 되고,
그 방향은 세상의 흐름을 조금 더 선하고 진실한 쪽으로 이끕니다.
월광기독학교가 꿈꾸는 글로벌 리더는
세계를 향한 거창한 비전이 아니라,
하루를 진실하게 살아 낸 존재의 결에서 출발합니다.
그 결은 감정이 아니라 결정이며,
그 결정은 공동체를 일으키는 힘입니다.
우리는 지금,
그 힘을 가진 리더를 기다리는 것이 아니라
함께 걸으며 빚어 가고 있습니다.

이곳에서 말하는 공동체

단순히 '같이 있는 사람들'이 아니라, 같이 살아 내고자 결단한 사람들이 모인 자리입니다. 그리고 그 자리에는, 누군가를 억지로 데려오는 것이 아니라 그 길을 걸어갈 준비가 된 이들이 조심스럽게 발을 내딛습니다.

그 준비의 이름이 바로 교육입니다.

그렇기에, 공동체를 위한 교육은 따로 존재하는 것이 아니라 당신이 꿈꾸는 공동체의 뿌리이며, 숨결이며, 말이 되기 전의 마음입니다.

우리가 원하는 공동체는,

한 사람 한 사람의 존재가 존중되고, 다른 이의 걸음을 축복할 줄 아는 마음이 자라나는 곳입니다.

그래서 그곳에서 이뤄지는 교육은 단지 지식을 전달하거나 태도를 훈련하는 차원이 아니라, 마음이 서로에게 열리고, 느린 걸음으로 함께 가는 연습입니다.

그렇기에, 이 교육은 성적을 위한 것도, 비교를 위한 것도 아닙니다.

자신을 깊이 들여다볼 수 있도록 돕고, 타인을 이해하기 위해 듣는 귀를 키우는 일입니다.

우리는 자주 다름을 두려워합니다.

그러나 공동체 안에서의 교육은, 다름을 견디는 용기를 먼저 배우는 일입니다.

비슷함으로 위로받는 것이 아니라, 서로의 다름을 지켜보며, 그 다름이 만드는 풍경에 감탄할 줄 아는 마음.

그것이 공동체의 가장 단단한 기반이 됩니다.

이런 교육은 먼저 '나'에서 시작됩니다.

내 감정과 생각이 어디에서 비롯되는지,

왜 나는 지금 이 말에 상처를 받았는지,

왜 어떤 사람은 유독 마음에 걸리는지를 알아 가는 여정.

그 여정을 통해 우리는 다른 이의 상처를 가볍게 넘기지 않는 마음을 갖게 됩니다. 그리고 그 마음은 결국 공동체를 안전하게 하는 힘이 됩니다.

또한, 공동체 교육은 말보다 침묵을 더 귀하게 여기는 법,

정답보다 질문을 오래 품는 태도, 지시보다 자율을, 경쟁보다 돌봄을 선택하는 마음을 길러 냅니다.

이 모든 것들은 빠르게 성과를 내야 하는 사회에서는 어리석은 것으로 보일 수 있습니다.

그러나 당신이 바라는 공동체는 바로 그 어리석음 안에 숨겨진 진짜 인간다움의 빛을 꺼내어 그것을 함께 붙잡고 살아가자는 용기의 장이기 때문입니다.

결국 이 모든 교육은 '우리는 함께 살아갈 수 있는가'라는 질문에 대한 긴 여정의 응답입니다.

공동체를 이루고 싶다는 말은,

한 사람의 생을 가볍게 여기지 않겠다는 고백이며,
서로를 향한 말 없는 기도입니다.
우리는 그 기도를 가르치고, 배우고, 살아 내야 합니다.
그렇게 당신이 바라는 공동체 교육은 지시와 계획이 아니라, 사람을 향한 시선에서 시작된 사랑의 구조이며, 그 구조 속에서 아이와 어른, 나와 너, 중심과 변두리가 따로 없는 진짜 '우리'라는 말이 뿌리내리는 터전이 됩니다.

이제 묻습니다.
그 길에, 당신과 함께할 사람은 누구인가요?
그리고 그 사람을 준비시키기 위한 오늘의 교육은,
어떤 말로 시작되어야 할까요?

6부

학부모님의 회고록 모음

물결처럼 시간은 흐르고, 그 안에 믿음과 사랑이 쌓여 한 편의 고백이 되었습니다.

  입학에서 졸업까지, 자녀와 함께 월광의 사계를 걸어오신 부모님의 글을 이곳에 올립니다.

  한 줄도 보태지 않았고, 한 글자도 덜어 내지 않았습니다.

  사실과 감정이 온전히 담겨 있을 때, 월광의 색은 가장 진하게 드러나기 때문입니다.

  부모님의 이름도 그대로 담았습니다.

  주저하는 마음에도 불구하고, 한 자 한 자 눌러 적어 주신 그 손길에서 저는 오래도록 간직하고 싶은 믿음의 진심을 보았습니다.

  함께해 주셔서, 이 길 위에 사랑의 동행이 되어 주셔서,

  진심으로 감사드립니다.

한 걸음, 한 믿음 – 월광에서의 여정

김은숙

월광기독학교를 떠올릴 때마다 제 마음은 늘 '빚진 자'의 마음으로 가득 찹니다. 돌이켜 보면, 제 인생에서 가장 깊은 감사와 가장 큰 기쁨을 누린 시간들이 바로 이 학교와 함께한 날들이었습니다.

지금 큰아들은 한동대학교 3학년(예비역)으로, 둘째는 공주교육대학교 2학년에 재학 중입니다. 두 아이 모두 월광기독학교에서 보낸 12년의 시간을 마음속 보물처럼 간직한 채, 믿음 안에서 자신만의 길을 힘차게 걸어가고 있습니다. 광주에 올 때면 추억을 함께한 친구들을 만나 그 시절을 이야기하며 웃음을 피우곤 합니다.

아이들을 각각 12년씩 보내다 보니, 저희 부부는 결과적으로 15년을 월광의 학부모로 살아왔습니다. 30대 중반에 시작한 이 여정은 어느새 쉼을 바라보는 나이에 마무리되었고, 그 시간만큼 저희 부부에게도 깊은 신앙의 성숙을 선물해 주었습니다.

비 내리듯 스며들던 매달 한 번의 학부모 교육, 그 자리에서 우리는 진정한 '부모 됨'의 의미를 배웠습니다. 하나님 안에서 자녀를 세운다는 것이 무엇인지, 막연한 기대가 아닌 실제적 삶의 방향으로 구체화되어 갔습니다. 그 교육의 자리는 저희 부부에게도 복된 훈련의 시간이었습니다.

아직도 첫째를 처음 월광기독초등학교에 보내려 고민하던 날이 생생합니다. 학교는 아직 다 지어지지도 않았고, 개교 준비로 한창일 때였습니다. '내가 과연 옳은 결정을 하고 있는가?', '이게 정말 하나님의 뜻일까?' 수없이 질문하고, 기도하며, 여러 사람의 조언을 들었습니다. 그 모든 과정을 거쳐 남편과 함께 월광에 보내기로 결단했을 때, 설명할 수 없는 평안과 확신이 마음에 찾아왔습니다.

입학 첫날의 사진은 지금도 앨범 한 켠에 소중히 보관되어 있습니다. 왕복 한 시간 거리, 눈이 오나 비가 오나 아이들을 태우기 위해 집 앞까지 달려와 주셨던 장로님의 운전… 그 섬김은 15년이 지난 지금도 잊을 수 없습니다.

많은 분들이 물었습니다. "그 먼 길을, 교회도 다니지 않는데, 학비까지 감당하며 왜 굳이 그 학교를 선택하셨어요?" 그 물음에 저희는 이렇게 대답하곤 했습니다. "믿음이 있었습니다. 아이가 그리스도인으로 잘 자랄 거라는, 흔들림 없는 믿음이요."

1회 입학생인 첫째는 시행착오도 많았지만, 그 시간들이야말로 값진 디딤돌이 되어 주었습니다. 민성이가 4회 입학생으로 들어갈 즈음에는 학교도 훨씬 안정되어, 주변에서도 월광을 알고 보내려는 분들이 많아졌습니다. 감사하게도 양가 부모님께서도 저희 결정을 흔쾌히 지지해 주셨고, 아이들이 정직하고 성실하게 자라가는 모습을 기뻐해 주셨습니다.

공부를 더 잘했으면 하는 부모의 작은 욕심도 있었지만, 저희는 믿었습니다. 믿는 자에게 가장 중요한 것은 '어디에 있느냐'가 아니라 '누구 안에 있느냐'라는 것을요. 하나님의 비전 안에서 아이들은 반드시 옳은 길로 인도받을 거라는 확신이 있었습니다.

월광에서 배운 기독교 세계관과 삶의 기초는, 아이들이 세상 가운데 하나님의 사람으로 살아가는 든든한 기반이 되었습니다. 예체능 수업을 통해 배운 바이올린, 드럼, 피아노, 꽹과리… 체육 활동으로 익힌 수영, 검도, 골프, 스키, 태권도 등은 아이들의 몸과 마음을 자라게 했고, 지금도 일상에서 풍성한 삶의 결로 이어지고 있습니다.

특별한 은혜는, 두 아들 모두 중학교 시절 캐나다 교환학생으로 파송되었던 경험이었습니다. 첫째는 적응 초기에 힘들어하며 3~4일간 눈물로 "돌아가고 싶다"고 전화했었지만, 저는 40일 새벽 기도로 아들을 품었습니다. 하나님께서는 일주일 만에 아들의 마음을 새롭게 하셨고, 첫째는 기쁨으로 한 학기를 잘 마무리하고 돌아왔습니다.

둘째 역시 형을 따라 자발적으로 준비해 캐나다 써리 스쿨에서 생활하게 되었고, 더욱 감사한 것은 교회 후배 목사님 가정과 함께 주일 예배를 드리는 은혜까지 누릴 수 있었습니다. 지금 두 아들에게 "그때 다시 돌아간다면 또 가고 싶냐"고 물으면, 둘 다 주저 없이 "예"라고 대답합니다. 어린 나이에 분명 쉽지 않은 시간이었지만, 하나님은 그 가운데서도 아들들을 훈련시키시고 성장하게 하셨습니다.

월광기독학교의 진정한 자랑은 '삼애 정신'입니다. 하나님 사랑, 자기 사랑, 이웃 사랑. 이 세 가지가 아이들의 마음과 삶 속에 뿌리를 내렸다는 것은 그 어떤 학업 성취보다 값지고 귀한 열매입니다.

돌이켜보면, 저희 세대에는 이런 기독학교가 없었습니다. 그러나 저희 아이들은 그 은혜 안에 있었습니다. 그래서 저는 지금도 말합니다. "저는 아이들과 함께 월광기독학교를 졸업했습니다." 15년 동안 함께 걷고, 함께 울고, 함께 웃으며 믿음의 여정을 살아 냈습니다.

지금도 1기 입학생 학부모님들과는 여전히 함께 식사를 나누고, 단톡방을 통해 삶의 이야기들을 나눕니다. 자녀를 믿음 안에 세우겠다는 그 처음 마음으로 시작했던 동행이, 이제는 인생의 든든한 믿음의 우정으로 이어졌습니다. 세월이 흐른 지금도 그분들과 함께 있다는 사실은 제게 큰 위로이자 감사입니다. 같은 시대에 같은 믿음으로 아이들을 키워 낸, 이 귀한 동역자들이 있어 저는 참 행복한 어머니였습니다.

이제는 일상 속에서 월광에서 배운 교훈을 실천하며 살아가려 애씁니다. 하나님을 영화롭게 하고, 그분 안에서 기뻐하는 삶. 그것이 저희 가족의 신앙의 결입니다. 언젠가 천국 가는 날, 우리의 믿음이 완성되는 그날을 소망하며…

이 모든 길을 계획하시고 인도하신 하나님께, 월광교회 성도님들께, 학교법인 이사장님과 교장 선생님, 그리고 사랑으로 헌신해 주신 모든 선생님들께 깊이 감사드립니다.

아이들은 지금도 자라며, 앞으로도 빛과 소금의 역할을 감당할 하나님의 제자가 될 것을 믿습니다. 월광기독학교를 위해, 그리고 그 안에 있을 모든 다음 세대를 위해 늘 기도하겠습니다.

감사합니다.

한 글자도 지울 수 없는 감사
- 월광에서 걸어온 부모의 믿음 여정
나은애

　월광기독학교 졸업생과 고등학교 재학생을 둔 학부모로서, 두 자녀를 이 학교에 보내며 하나님께서 제게 주신 은혜를 깊이 돌아보는 시간을 가졌습니다.

　2016년, 막내 아이의 초등학교 입학을 준비하던 중 처음으로 월광기독학교를 알게 되었고, 입학설명회에 참석하게 되었습니다. 설명회를 마치고 돌아오는 길, 저는 단번에 확신을 얻었습니다. 막내뿐만 아니라, 이미 중학교 배정을 받은 둘째 아이까지 이 학교에 보내야겠다는 마음이 들었고, 결국 두 자녀 모두 원서를 접수해 감사하게도 합격 통보를 받았습니다.

　광주에 있는 초등 과정은 이미 체계적으로 잘 세워져 있었지만, 함평에 위치한 중등 과정은 아직 걸음마 단계에 있었고 마치 광야 같았습니다. 처음엔 막내의 초등 입학을 생각하며 선택한 학교였지만, 중등 과정은 제게 있어 기도의 제목이자 믿음의 훈련이 될 줄은 상상도 못했습니다.

　큰아이는 일반 초·중·고 과정을 겪었기에, 둘째와 막내는 기독 대안학교 안에서 하나님의 자녀로 건강하게 자라기를 소망하며 보내게 되었습니다. 둘째가 입학했을 당시, 함평 캠퍼스에는 두 개 학년뿐이었고 소수의 아이들과 학부모들이 마치 한 가족처럼 지내며 교육의 초석을 함께 놓아갔습니다.

비인가 학교에 자녀를 보낸다는 것은 저에게도 처음 있는 일이었습니다. 더군다나 일반 학교와는 달리 학부모의 참여가 많은 이 학교의 교육 방식은, 처음엔 저에게 적지 않은 부담으로 다가왔습니다. 그러나 매주 열리는 어머니 기도회에 한 번, 두 번 참석하면서 마음속의 무거움은 점차 사라졌고, 오히려 그 시간이 저를 살리는 은혜의 시간으로 바뀌어 갔습니다.

직장생활로 바쁜 부모들을 위해 광주 월광교회에서 월요일 밤마다 열렸던 기도회, 그리고 수요일 오전의 수요 어머니 기도회는 제 삶의 중심이 되었습니다. 일정도 그 기도회를 중심으로 조정할 만큼, 우선순위가 분명해졌습니다. 간증과 눈물의 기도, 함께 드린 중보기도 속에서 제 믿음도 조금씩 자라 갔고, 하나님이 저를 부모로 부르신 이유를 다시금 붙들게 되었습니다.

기독학교에 자녀를 보낼 때 가졌던 기대는 점차 현실 앞에 무너지기도 했습니다. '일반 학교와는 다를 거야', '믿음 안에서 아이들이 잘 자라겠지'라는 기대는 시간이 지남에 따라 흔들리기도 했지만, 그 과정 속에서 하나님은 제게 이렇게 물으셨습니다.

"○○야, 너 이 학교에 자녀를 보낼 때 나를 믿고 보내지 않았니? 나만 바라봐!"

그 말씀 앞에 저는 펑펑 울며 이렇게 고백했습니다.

"네, 주님 맞습니다. 주님이 키우시지요. 제가 아니라 주님이 하시지요."

그 순간 저는 깨달았습니다. 이곳은 단순히 자녀를 보내 훈련시키는 곳이 아니라, 저를 입학시키고 훈련시키신 하나님의 특별한 학교였다는 것을요.

그 후로 저는 저보다 먼저 이 길을 걸었던 선배 어머님들처럼, 지금 이 여정을 걷고 있는 후배 어머님들에게 조심스레, 그러나 확신을 담아 이야기합니다. 듣든지, 아니 듣든지, 제게 분명하게 주신 하나님의 음성이 그분들의 마음에도 들려지기를 기도하면서요.

"하나님 믿고 이 학교 선택하셨잖아요. 사람이나 환경을 보고 보내신 게 아니잖아요!"

물론 지금도 낙심될 때가 있고, 때로는 이 길을 포기하고 싶을 때도 있습니다. 하지만 그럴 때마다 처음 주셨던 하나님의 약속을 기억하며 다시 일어섭니다. 그리고 지금도 동일하게 일하고 계실 하나님을 기대하며 기도합니다.

지금은 중·고 과정을 마치고 군 복무를 마친 후 복학을 준비 중인 둘째 아들을 위해, 저는 여전히 매일 외칩니다.

"주님, 우리 아이의 삶을 통해 지금도 일하시고 계시지요!"

6년간의 중·고등 교육이 헛되지 않게, 지금도 신실하게 인도하고 계신 주님을 신뢰합니다.

그리고 막내 아이는 지금 초·중·고 12년의 여정을 성실히 완주해 가며, 믿음 안에서 자신만의 길을 향해 달려가고 있습니다. 처음 학교를 선택하며 품었던 '남은 자'로의 부르심이 막내의 삶 속에서 이루어지길 기도하며, 지금도 그 모습을 기대합니다.

10여 년 전, 두 자녀를 월광기독학교에 보내기로 결단했던 그날처럼, 지금 다시 선택하라 해도 저는 주저 없이 이 길을 택할 것입니다. 그 길이 넓고 화려한 길은 아니었지만, 분명히 하나님이 함께 걸어가신 길이었기 때문입니다.

결국, 우리 자녀를 키우시는 분은 하나님이시며, 그분은 한 번도 실수하지 않으셨습니다.

감사합니다.

부르신 이는 하나님

위영

우리 가족에게 아이의 중학교 입학은 '아이를 향한 하나님의 부르심'이었습니다.

그 부르심에 감격했고 그 은혜 아래 기쁘고 행복했습니다. 부르심에 대한 기대와 설렘이 마음 안에 가득했습니다. 초등 시절부터 함께 지내 온 친구들도 많았고, 신앙 안에서 세워진 환경이라는 믿음이 있었기에 7학년을 기대하는 제 마음은 한없이 가볍고 감사했습니다.

기독학교라는 환경에서 아이가 신앙과 지혜를 함께 키워 가며 자랄 수 있으리라는 희망,

그리고 친구들과 선생님, 기숙사 생활을 통해 자립심과 공동체성을 배울 수 있으리라는 기대가 컸습니다. 아이 역시 새로운 친구들과 함께 예배하고 말씀 공부를 하면서 성장하는 시간이 기다려진다고 이야기하는 아이의 눈빛과 말투에서 기대와 설렘이 묻어났습니다.

이렇듯 우리 가족 모두 아이가 학교생활을 통해 더욱 하나님을 알아가고 자신의 꿈을 찾아가리라 믿으며 설렜습니다.

하지만 학교생활이 시작되고 얼마 지나지 않아, 저는 예상치 못한 벽 앞에 서게 되었습니다. 함께 했던 친구들이 많아 쉽게 적응할 것이라 믿었던 기숙사 생활이 생각보다 쉽지 않았습니다. 낯선 환경에서

부모와 떨어져 지내는 것이 아이에게는 예상보다 훨씬 큰 부담이며 도전이 되었습니다.

중1, 만 13세의 아이는 자신을 조절하고 돌아보는 힘이 아직 자라지 않은 상태였습니다. 그러다 보니 혼자 책임져야 하는 시간을 버겁게 여기기 시작했습니다. 그 시간을 지지하고 돕는 어른이 없다 보니 아이 스스로 결단력 있게 마음을 조절하며 공부 계획을 세우고 스스로 실천하는 데 어려움을 겪는 모습을 보면서 부모로서 마음이 무거웠습니다. 게다가 그로 인해 학습에서 벌어지는 틈새가 점점 커지면서 걱정이 더욱 깊어졌습니다.

7학년 2학기에 접어들면서, 이러한 고민이 우리 가족만의 고민이 아닌 다른 가정들도 비슷한 생각과 같은 어려움을 겪고 있다는 사실을 알게 하셨습니다. 이런 시기에도 하나님은 우리 안에서 조용히 일하고 계셨습니다. 한 학부모님의 마음에 부르심의 불씨를 붙이셔서 학부모 자기 주도 코칭 공부 모임이 시작되었습니다. 이 모임은 단순히 공부 방법을 배우는 것을 넘어서, 아이들의 사춘기를 이해하고, 부모로서 자신의 역할을 고민하며 성장하는 소중한 시간이 되었습니다.

아이를 변화시키고 싶은 욕심보다, 부모인 내가 먼저 바뀌어야 한다는 것을.

가르치기보다 이해하고, 다그치기보다 기다려야 한다는 것을.

말씀 안에서, 코칭의 언어 안에서 조금씩, 천천히, 마음이 회복되고 시선이 따뜻해졌습니다.

이 공부는 아이를 키우는 부모로서, 믿음의 길을 함께 걸어가는 동역자로서 내가 어떻게 살아야 하는지를 다시 묻는 시간이었습니다.

그렇게, '부모의 자리'가 다시 기도의 자리가 되었고 '양육의 길'이 다시 사랑의 길이 되었습니다.

그 시작이 은혜였습니다. 나아가 내 아이의 친구가 내 아이처럼 마음에 품어지는 경험이었습니다. 함께 기도하고, 함께 배우며 이제는 이름 하나하나가 소중한 아이들로 마음에 새겨졌습니다. 내 아이만 잘 되기를 바라는 좁은 마음이 아니라, 우리 안의 모든 아이들이 사춘기의 바람을 무사히 지나 빛나는 믿음의 사람으로 자라나기를 바라는 넓고 깊은 사랑이 제 안에 자리 잡기 시작했습니다. 그래서 기다릴 수 있습니다.

때로는 엇나가고, 거칠어도 그 시간을 견디고 지나면 하나님께서 반드시 새 길을 내실 것임을 믿기에. 그 기다림의 자리에 부모가 함께 서 있고, 선생님이 함께 서 있고, 무엇보다 하나님께서 함께하시기에, 이 공동체는 참 따뜻합니다.

이런 마음 아래, 아이는 서서히, 그러나 분명히 사춘기의 시간을 지나기 시작했습니다.

무수히 눈물짓게 만들었던 순간들은 이제 지나간 계절이 되었고,

그 시간들을 통과한 아이는 조금씩 자신의 삶을 스스로 바라보고 미래를 고민하며 결정할 줄 아는 참 멋진 아이로 자라나고 있습니다.

물론 아직도 다 자란 건 아닙니다. 앞으로도 넘어지고 흔들릴 수 있습니다.

하지만 이제는 압니다. 그 모든 시간을 통해 하나님께서 아이를 어떻게 빚어 가시는지를.

그리고 부모인 저 역시, 그 여정 속에서 더 단단해지고, 더 따뜻해

졌습니다.

이 시기를 지나며 믿음도, 사랑도, 공동체도 한 겹씩 깊어졌습니다.

이것이 바로 이 공동체가 가진 가장 큰 은혜요,

하나님께서 우리 가정에 주신 가장 귀한 선물이라 믿습니다.

그럼에도 은혜의 마음을 안고 꿈을 꾸며 시작한 9학년 생활도 생각보다 호락호락하지 않았습니다. 기대와 설렘으로 맞이한 마지막 학년이었지만, 7학년과 8학년 동안 제대로 쌓이지 않았던 학습의 공백은 결코 쉽게 메워지지 않았습니다.

쌓여 있는 개념들, 따라가야 할 진도, 늘어나는 과제와 시험 앞에서 아이도 저도 순간순간 힘이 들었습니다. 특히 긴 시간 집중해서 공부하는 것에 익숙하지 않았던 아이에게 9학년은 마치 숨 고를 틈 없이 이어지는 마라톤처럼 느껴졌을지도 모릅니다.

이런 과정 속에서 아이의 수업 태도가 무너지기 시작했던 것 같습니다. 기독 학부모로서의 나는 학교에 적극 협력하며 아이를 지원할 준비가 되어 있었습니다. 그리고 언제든 알려 주시면 가정에서 적극적으로 돕겠다는 의사도 적극 학교에 표현했었습니다. 하지만 학교와 함께 힘쓰고자 했던 저의 마음과는 달리, 학교로부터 아이의 수업태도에 대한 이야기를 한 번도 듣지 못한 점, 그리고 그로 인해 더 벌어진 공부 간격은 솔직히 아직도 마음 한편에 속상함으로 남아 있습니다. 한 고비를 넘으니 또 한 고비가 있는 듯한 답답함과 아쉬움이 교차했던 힘든 순간이었습니다.

'왜 그 사실을 미리 알려 주지 않았을까?'

'함께 고민하며 도울 기회를 놓친 건 아닐까?'

속 깊은 대화가 오가지 못한 것이 안타까웠습니다.

그러나 곰곰이 생각해 보니 학교 역시 아이의 상황을 섬세하게 살피며 조심스레 배려해 왔던 것이 아닐까 하는 이해의 마음도 들었습니다. 그럼에도 고등 입학을 앞둔 부모의 고민은 깊어지기 시작했습니다.

관리가 제대로 이루어지지 않는 기숙사 환경 속에서 자기 주도 학습을 온전히 해낼 수 있을지에 대한 걱정이 컸고, 학습에 대한 아이의 상황이 제대로 전달되지 않고, 함께 충분히 논의되지 않은 점이 마음에 걸려 그동안 믿고 의지해 온 선생님들에 대한 신뢰가 흔들리기도 했습니다. 이러면서도 한편으로는 이 모든 과정이 하나님께서 허락하신 길이라는 믿음과 소망을 놓지 않으려 애썼습니다.

혼란스럽고 힘들지만, 그 안에 반드시 뜻과 섭리가 있으리라는 신앙의 확신이 나를 붙들어 주었습니다. 그렇게 믿음과 현실 사이에서 부모로서, 또 신앙인으로서 깊은 고민과 갈등을 겪으며 결국, 이 모든 과정을 지나며 "이곳에 우리 아이를 부르신 이는 하나님이시다"라는 믿음으로 아이는 고등학교에 진학하게 되었습니다.

완벽하지 않아도, 부족함이 있어도 하나님의 손길 안에서 아이의 길이 열리고 자라날 것을 믿으며 부모로서도 믿음으로 그 발걸음을 응원하기로 결정했습니다.

아이에게 고등의 시간 속에 또 다른 도전과 어려움이 당연히 있겠죠. 하지만 그 어려움을 도와 성장케 하시는 이는 부르신 하나님이라는 믿음으로 성장할 수 있도록 꾸준히 기도하며 학교와 협력해 나가기로 다짐했습니다.

우리 공동체가 앞으로의 10년을 바라볼 때 학년별 배움 시간을 통해 지속적으로 부모 간 연대를 이루고, 모든 아이를 내 아이처럼 마음에 품으며 끊어지지 않는 연대를 만들어 가는 것이 얼마나 중요한지 깨달았습니다. 선생님들 또한 부모와 적극적으로 소통하며 함께 아이들을 키우는 마음을 갖고, 우리 학교가 꿈꾸는 교육 공동체의 비전을 함께 실현해 가야 한다고 믿습니다. 하나님을 향한 믿음으로 선생님과 학생, 학부모가 하나 되어 서로를 격려하고 지지하며 앞으로 나아가는 공동체, 그 속에서 우리 아이들이 온전히 사랑받으며 성장할 수 있기를 간절히 소망합니다. 그리고 우리 학교가 모든 일을 정확한 기준 아래 일관성 있게 처리하며, 공의롭고 정의로운 공동체가 되기를 바랍니다. 그런 모습을 통해 우리 아이들이 '크리스천은 이렇게 살아야 하는구나' 하는 본을 배우고, 신앙과 삶이 하나 되는 성숙한 그리스도인으로 성장할 수 있는 배움터가 되기를 소망합니다.

마무리하며

이 책은 월광기독학교가 지향하는 교육의 뿌리를 밝히고, 우리가 아이들과 함께 만들어 가고자 하는 삶의 방향을 명확히 드러내기 위해 작성되었습니다. 교육은 단순한 지식 전달이 아니라, 사람의 전 존재를 깨우고 사랑의 흔적을 남기는 일입니다. 우리 학교의 교육은 이곳에 담긴 고백처럼, 조용히 스며들며 오래 남는 바람과도 같습니다.

철학의 근간: 삼애(三愛)의 정신과 산상수훈

우리 교육의 중심에는 하나님 사랑, 이웃 사랑, 자기 사랑이라는 삼애(三愛)의 정신이 자리 잡고 있습니다. 이 세 가지 사랑은 산상수훈의 팔복을 실천하는 삶을 통해 구체화됩니다. 우리가 가르치고자 하는 것은 복음이며, 살아 내고자 하는 것은 예수님의 길입니다.

1. 교육 철학의 열 가지 방향

　가. 기독교적 가치관을 중심으로 한 교육
　　- 신앙 안에서 전인적으로 자라날 수 있도록 돕습니다.
　　- 예배와 묵상, 성경 중심의 수업을 통해 믿음을 삶에 녹여

냅니다.

나. 공동체 중심의 교육
- 혼자가 아닌 함께 배우고 성장하는 교육을 지향합니다.
- 협력과 나눔, 배려의 문화를 중요하게 여깁니다.

다. 미래 지향적 교육
- 자율성과 창의성을 키우는 프로젝트 기반 학습을 운영합니다.
- 글로벌 감각과 다양한 문화를 경험할 수 있는 기회를 제공합니다.

라. 섬김과 봉사를 강조하는 교육
- 신앙을 행동으로 드러내는 삶을 장려합니다.
- 지역사회와의 연결 속에서 봉사의 기쁨을 배우게 합니다.

마. 자율성과 책임감을 기르는 교육
- 스스로 학습하고 깊이 있게 사고할 수 있도록 지도합니다.
- 토론과 리더십 활동을 통해 책임 있는 태도를 기릅니다.

바. 회복 중심의 교육
- 학생을 문제의 대상이 아니라 회복의 대상으로 바라봅니다.
- 비폭력 대화와 감정 나눔 활동을 통해 관계를 회복합니다.

사. 느림과 기다림의 교육
- 획일적인 속도보다는 각자의 배움의 리듬을 존중합니다.
- 결과보다 과정을 소중히 여기는 평가 방식을 채택합니다.

아. 동행의 교육
- 교사는 지식을 전달하는 사람을 넘어, 삶을 함께 걷는 동반자가 됩니다.
- 교사 간의 협력과 공동 연구를 통해 교육 공동체를 이룹니다.

자. 기억에 남는 교육
- 시험보다 이야기와 경험 중심의 수업을 지향합니다.
- 삶을 되돌아보고 표현하는 다양한 의식과 나눔의 자리를 마련합니다.

차. 예배처럼 배우고 기도처럼 살아가는 교육
- 하루를 여는 예배, 깊어지는 묵상으로 학습을 시작합니다.
- 모든 교과에 신앙의 질문을 담아내어 통합적으로 접근합니다.

2. 리더십과 공동체 : 나를 넘는 힘, 함께 있음의 기쁨

월광기독학교가 생각하는 리더십은 단순히 앞장서는 능력이 아니라, 공동체를 세우고 섬기는 삶의 방식입니다. 진정한 리더는 자신의 목소리를 크게 내는 사람이 아니라, 가장 낮은 자리에서 먼저 앉을 수 있는 사람입니다. 우리는 학생들이 하나님 앞에서 자신을 다스릴 줄 알고, 다른 이들을 위해 기꺼이 책임을 감당할 수 있는 사람으로 자라나기를 소망합니다.

이러한 리더십은 공동체 안에서 자랍니다. 공동체는 리더십이 자라고 다듬어지는 훈련장이 되며, 학생들은 자신만을 위한 선택이 아니라 우리 모두를 위한 결정을 내려보는 경험을 통해 자율성과 책임감을 배웁니다. 월광에서의 리더십은 경쟁이 아니라 헌신이며, 강요가 아닌 초대입니다.

공동체를 함께 살아가는 배움은 협력 수업, 집단 프로젝트, 생활 협약 만들기, 갈등 조정 모임과 같은 다양한 실천을 통해 이루어집니다. 우리는 학생들이 공동체의 기둥이 되어 서로의 삶을 지지하고 이끌어 주는 벗으로 살아가기를 바랍니다.

3. 실천적 방향

가. 통합 교육과정 운영: 교과 간 경계를 허물고 하나의 주제를 중심으로 통합적 사고를 기릅니다.

나. 프로젝트 기반 학습(PBL): 실제 문제를 해결하는 과정에서 배움이 삶과 연결되도록 합니다.

다. 회복적 생활교육: 관계 중심의 생활 지도와 공동체 회복을 위한 활동을 실천합니다.

라. 영성 훈련과 신앙 성장: 매일의 예배, 말씀 묵상, 공동체 기도회를 통해 신앙의 뿌리를 내립니다.

마. 학부모 및 지역사회 연계: 가정과 학교, 교회와 지역사회가 함께 연

결되어 자녀의 성장을 함께 돌봅니다.

4. 바람은 다시 불어옵니다.

이 책은 완성된 지침서가 아닙니다. 이는 하나님 나라의 비전을 향해 함께 걸어가는 발걸음이며, 매일의 실천으로 이어지는 생명의 이야기입니다. 바람은 지나가지만, 그 바람을 따라 피어난 꽃들은 기억으로 남습니다. 월광기독학교는 오늘도 그 바람을 기다리며, 다시 씨앗을 심습니다.

마무리 기도

주님,
이 한 권의 책을 덮는 이 밤,
저는 조용히 무릎을 꿇습니다.
가르침 속에서 길을 잃은 날도 있었고,
아이들의 눈빛에 제가 배운 날도 많았습니다.
아이들의 삶에 조심스레 발을 디디며
때론 말로, 때론 침묵으로
사랑을 전하고자 애썼던 날들을
이제 당신 앞에 올려드립니다.
저는 선생이었지만,
먼저 배워야 했던 사람이었습니다.
질문에 대답하지 못한 날도 있었지만,
질문하는 마음만은 꺾지 않게 해 주신 은혜에 감사드립니다.
주님,
제가 전한 수많은 말들보다
아이들이 기억할 단 하나가
사랑이었다면 좋겠습니다.

그리고 오늘,
저는 자녀를 품고 살아가는
부모님들을 위해 기도합니다.
완벽한 답을 내려야 한다는
세상의 무게에 눌려
자신을 탓하고 주저앉는 이들.
그들의 눈물과 침묵 속에
당신이 먼저 다가와 주시고,
"충분히 잘하고 있다"는 말씀으로
그 마음을 안아 주소서.
사랑하지만 불안하고,
믿고 싶지만 두려운 이들이
자녀와의 갈등 속에서도
사랑을 놓지 않게 하시고,
통제 대신 존중을,
지시 대신 경청을 배우게 하소서.
주님,
가정이 첫 교실이 되고
식탁이 배움의 자리가 되며
부모의 품이 자녀의 심장을 지탱하는
첫 공동체가 되게 하소서.
그리고 이제,
아이들을 위해 축복하며 기도드립니다.

이들이 누구보다 소중한 존재임을
스스로 알게 하시고,
자신을 세상의 기준이 아니라
하나님의 눈으로 바라보게 하소서.
실패 앞에서도 두려워하지 않고,
억울한 날에도 정직할 수 있는
담대한 마음을 주시고,
사람을 이기기보다
사람을 세우는 삶을 선택하게 하소서.
지금 이 순간도
하나님의 형상으로 충분한 존재임을 믿으며,
빛을 따라 걷고,
사랑을 따라 살아가는
존귀한 하나님의 자녀로 자라게 하소서.
교사는 기도로,
부모는 눈물로,
주님은 영원한 사랑으로
이 아이들의 하루하루를 덮어 주소서.
주님,
저는 완전하지 않았습니다.
그러나 다시 사랑하려 했고,
다시 일어서려 했고,
끝까지 이 길을 걸으려 했습니다.

이 책 한 권이
교사의 고백이자
부모의 간절함이 되고,
자녀를 향한 한 시대의 기도가 되게 하소서.
이 모든 기도를,
우리의 참 스승 되시는 예수 그리스도의 이름으로
간절히 기도드립니다. 아멘.

교육, 다시 사랑이라면

ⓒ 이근화, 2025

초판 1쇄 발행 2025년 8월 27일

지은이	이근화
펴낸이	이기봉
편집	좋은땅 편집팀
펴낸곳	도서출판 좋은땅
주소	서울특별시 마포구 양화로12길 26 지월드빌딩 (서교동 395-7)
전화	02)374-8616~7
팩스	02)374-8614
이메일	gworldbook@naver.com
홈페이지	www.g-world.co.kr

ISBN 979-11-388-4631-8 (03370)

- 가격은 뒤표지에 있습니다.
- 이 책은 저작권법에 의하여 보호를 받는 저작물이므로 무단 전재와 복제를 금합니다.
- 파본은 구입하신 서점에서 교환해 드립니다.